HOCHLEITHNER

STÖRE

Meinem
Lehrmeister, Freund und Kollegen

Josef „Seppi" Hofer,

Fischmeister am Sempachersee,
gewidmet.

MARTIN HOCHLEITHNER

STÖRE

(ACIPENSERIFORMES)

Verbreitung • Lebensweise
Aquakultur

AV RATGEBER

Umschlagbild: Martin Hochleithner,

Acipenser gueldenstaedti, Waxdick Setzlinge, 10–12 cm lang

Repro: Eurografik
Druck und Bindung: Theiss, Wolfsberg
Printed in Austria
ISBN 3-7040-1261-0

Danksagung

Ohne die Hilfe zahlreicher Wissenschaftler und Praktiker wäre das Buch sicher nicht so attraktiv geworden. Darum möchte ich mich bei allen, die mir bei der Arbeit mit Stören und bei der Erstellung des vorliegenden Buches geholfen haben, ganz herzlich bedanken.

Besonders möchte ich mich für die Überlassung von Fotos und Manuskripten sowie hilfreichen Informationen unter anderem bei folgenden Personen bedanken:
Herrn Dr. Evgeny N. **Artyukhin** St. Petersburg/Rußland, Herrn Philippe **Benoit** Saint-Seurin-sur-l'isle/Frankreich, Herrn Dr. Miklós **Bercsényi** Szarvas/Ungarn, Herrn FZM Hans **Bergler** Wöllershof/Deutschland, Herrn Dr. Walter M. **Brod** und Herrn Jürgen **Krosta** Würzburg/Deutschland, Herrn Dr. Lutz **Debus** Rostock/Deutschland, Fam. Giacinto **Giovannini** Orzinuovi/Italien, Herrn Dir. Tamás **Gulyás** Szekszárd/Ungarn, Herrn Gottfried **Hader** Waldhausen/Österreich, Herrn Dir. Dr. Albert **Jagsch** und Herrn Tzt. Thomas **Weismann** Scharfling/Österreich, Fam. Jim **Kahrs** Osage/Missouri, Herrn Doug C. **Latka** Omaha/Nebraska, Herrn Hans H. **Ruoss** Zürich/Schweiz, Herrn Dr. Volker **Steiner** und Herrn Mag. Nikolaus **Schotzko** Innsbruck/Österreich, Herrn Dr. Filippo A. **Vaini** Mailand/Italien, Herrn Dipl.Ing. Gerald **Zauner** Wien/Österreich und nicht zuletzt Herrn Jörn **Geßner** Berlin/Deutschland vor allem für die kritische Durchsicht des Manuskripts sowie Herrn Dr. Peter **Strallhofer** und dem Österreichischen Agrarverlag für die Veröffentlichung.

WIR
DÜRFEN NICHT VERGESSEN,
DASS AUCH WIR EIN TEIL DER TIERWELT SIND
UND DASS WIR IM STUDIUM DER NATUR
UND DES LEBENS ANDERER LEBEWESEN
UNSERE KENNTNIS VON DER MENSCHLICHEN NATUR
ERWEITERN KÖNNEN.

(Alfred S. Romer)

INHALT

ALLGEMEINES

ARTEN in Einzeldarstellung

AQUAKULTUR

ANHANG

ALLGEMEINES

EINLEITUNG

Weltweit sind die Störbestände stark gefährdet und teilweise vom Aussterben bedroht. An fast allen größeren Flüssen der Welt wurden Kraftwerke und Staumauern errichtet, welche die Laichwanderung und die Laichgebiete stark einschränken bzw. verringern. Die Überfischung und die Gewässerverschmutzung tun ihr übriges.
An der Erhaltung und Wiedereinbürgerung der Störbestände besteht internationales Interesse.
Früher hatte die Störfischerei in den Verbreitungsgebieten eine große wirtschaftliche Bedeutung, so ist der Störfang an der Donau seit ca. 5500 Jahren bekannt.
Mit der künstlichen Störzucht wurde 1869 durch Professor Filipp V. Ovsyannikov mit dem Sterlet in Rußland begonnen, 1875 mit dem Seestör in Amerika und 1886 mit dem Gemeinen Stör in Deutschland, die aber vorerst ohne Erfolge blieb. Erst in den fünfziger Jahren unseres Jahrhunderts setzte sie verstärkt ein.
Auch in der Aquakultur versucht man seit einigen Jahren, Störe vor allem wegen ihres schnellen Wachstums, ihres grätenlosen Fleisches und Rogens (Kaviar) zu nutzen.
Dabei ist man erst in den Anfängen und weiß verhältnismäßig wenig über diese Fischform. Von einigen Arten sind relativ viele Daten verfügbar, von anderen wiederum fast keine. Die meisten Störarten sind sich jedoch in ihrer Lebensweise sehr ähnlich.
Das Buch entstand aus der Notwendigkeit heraus, für das Arbeiten mit Stören die wesentlichen Daten, Ergebnisse und Informationen zusammenzufassen.
Alle angegebenen Werte (Tabellen) sind Richtwerte, die je nach den Verhältnissen auch überschritten werden können.
Die angegebenen Längen der Fische sind Totallänge (TL), Kopflänge (KL) von der Schnauzenspitze bis zum Kiemendeckelende und Schnauzenlänge (SL) von der Schnauzenspitze bis zum Mittelpunkt des Auges.

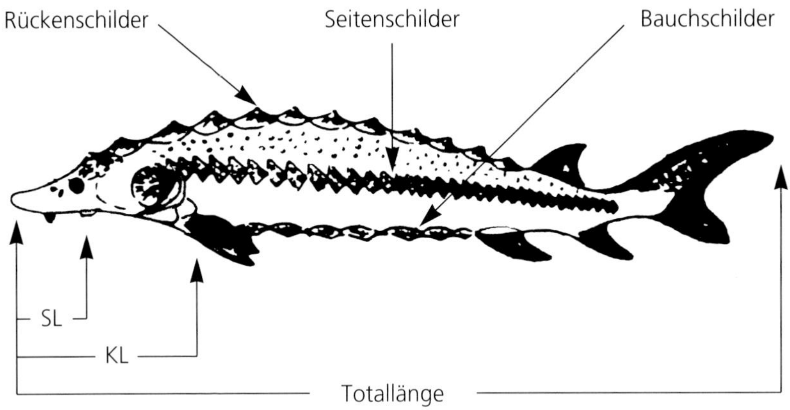

Da kaum neuere Erkenntnisse bzw. internationale Publikationen über Störe in deutscher Sprache vorliegen, soll das Werk ein Behelf für alle Interessierten sein.
Dieses Buch beschränkt sich auf das Wesentliche, um lesbar zu bleiben. Falls nicht anders angegeben, gelten die üblichen Richtwerte der Aquakultur. Für Neulinge in der Fischzucht verweise ich auf die allgemeine weiterführende Literatur am Ende des Buches.
Ich wünsche Ihnen viel Spaß beim Lesen.

Kitzbühel, im Sommer 1996 — Martin Hochleithner

KÖRPERBAU

Runder, langgestreckter Körper, die unvollständige Körperbedeckung (Exoskelett) besteht aus völlig freiliegenden, mit einer Lage echten Schmelzes überzogenen, in fünf Reihen angeordneten Knochenplatten (Ganoidschuppen). Ausgenommen davon sind *Polyodontidae* und *Chondrosteidae*, welche keine Knochenplatten, sondern lediglich einige Fulcra auf der Oberseite der Schwanzflosse haben.
Eine Reihe dieser Knochenschilder verläuft entlang des Rückens, eine jeweils entlang der Seitenlinie und eine jeweils entlang beider Bauchkanten, sodaß der Körperquerschnitt fünfeckig erscheint. Bei Jungfischen und *Scaphirhynchinae* enden diese Knochenplatten spitz nach hinten (opisthozentrisch) und werden mit zunehmenden Alter meist immer flacher (mesozentrisch). Zwischen den Schilderreihen auf dem Rücken und an den Seiten befinden sich kleine rhombische oder sternförmige Knochenplättchen, die ebenfalls meist reihenförmig angelegt sind.
Am Vorderrand der unpaaren Flossen befinden sich spindelförmige Gebilde (*Fulcra*), die den Stachelstrahlen der echten Knochenfische ähnlich sind. Diese aus Knochensubstanz gebildeten, mit einer schmelzartigen Schicht überzogenen, gabelförmig gestalteten Fulcra liegen dachziegelartig übereinander und enden mit einer scharfen Spitze. Die hinteren Fulcra der einzelnen Flossen ähneln den eigentlichen Flossenstrahlen und bilden einen Übergang zu diesen.
Die Rückenflosse der Störe ist weit zurückgesetzt, die Schwanzflosse ist *heterocerk*. Die Wirbelsäule verläuft im oberen Teil der Schwanzflosse weiter, der unter Teil der Flosse ist viel kürzer. Bei manchen Schaufelstören geht der obere Teil der Schwanzflosse in einen langen Faden über.
Das an der Unterseite des Kopfes befindliche zahnlose Maul mit wulstigen Lippen ist weit vorstülpbar. Vor dem Maul stehen in einer Reihe vier Bartfäden, die mit zahlreichen Tast- und Geschmackszellen ausgestattet sind. Davon ausgenommen sind *Polyodontidae*, welche nur zwei sehr kleine Bartfäden und teilweise Zähne besitzen.
Die Schnauze der Störe wird aus einem Netzwerk von kleinen Knochen zu einem Rostrum ausgebildet. Bei Jungfischen ist die Schnauze im Verhältnis zur Gesamtlänge meist länger als bei älteren. In der Schnauze befinden sich Sensoren (Lorenzinische Ampullen), mit welchen elektrische Reize wahrgenommen und so Beutestücke von anorganischen Teilen unterschieden

werden können. Vor dem Auge befindet sich eine längliche und etwas oberhalb eine runde Nasenöffnung.
An der Oberseite des Kopfes, etwas hinter dem Auge, befindet sich eine kleine Öffnung, welche in einen abwärts zum Gaumen verlaufenden Kanal führt. Diese Öffnung, das Spritzloch (*Spiraculum*) sowie der Kanal fehlen allen echten Knochenfischen und sind bei den Schaufelstören sehr schlecht entwickelt bzw. nicht vorhanden. Im unteren inneren Teil dieses Kanals, dicht über der inneren Öffnung, steht eine Reihe Kiemenplättchen (Spritzlochkieme). Der ganze Kanal entspricht einer Kiemenspalte zwischen dem Gaumenkiefer- und dem Zungenbeinbogen. Die nächstfolgende Kiemenspalte zwischen dem Zungenbeinbogen und dem ersten Kiemenbogen hat ihre Kiemenplättchen in Form einer großen, aber einfachen Bogenreihe auf der Innenseite des Kiemendeckels (Kiemendeckelkieme). Hinter der Schlundhöhle zeigt die Kiemenhöhle der Störe denselben Bau wie die der echten Knochenfische: Vier Kiemenbögen, jeder mit zwei Reihen Kiemenplättchen und Kiemenreusendornen besetzt, während der fünfte Bogen keine Kiemenplättchen trägt und von keiner Kiemenspalte gefolgt wird, sondern mit der Vorderseite des Schultergürtels verwachsen ist.
Im Kiemendeckel ist nur der Große Kiemendeckelknochen (Operculum) vorhanden, ausgenommen bei den *Chondrosteidae*.
Störe haben ein Knorpelskelett, die Rückensaite (*Chorda dorsalis*) ist von einer dicken Schicht (*Perichord*) umgeben, in und auf welcher sich knorpelige Gebilde entwickeln, die den Dornfortsätzen und anderen Wirbelteilen entsprechen. Über der Rückensaite liegt, von Neuraphophysen umschlossen, das Rückenmark und über diesem in einem Kanal, der von Bögen der Wirbelsäule gebildet wird, ein elastisches sehnenartiges Längsband.
Der Enddarm ist mit einer spiraligen Innenfalte (Spiralklappe) versehen, durch die die Oberfläche bzw. der Weg des Darminhalts verlängert wird (siehe S. 14), ausgenommen bei den *Scaphirhynchinae*.
Störe besitzen eine einfache Schwimmblase mit Schwimmblasengang und gehören so zur Gruppe der *Physostomi*.

Der Körper ist meist am Rücken einheitlich dunkelbraun bis grauschwarz, an den Seiten heller und am Bauch gelblich bis weiß gefärbt. Die Knochenplatten sind meist heller als ihr Untergrund. Auch Albino-Farbvarianten (goldfarben, hellorange bis weiß) kommen gelegentlich vor.

Lage der inneren Organe bei einem Adriastör (Kiemen, Herz, Leber, Magen, Spiraldarm)

LEBENSWEISE

Störe kommen in Meeren, Seen und Flüssen der nördlichen gemäßigten und der arktischen bzw. subarktischen Zone in Europa, Asien und Nordamerika (nördlich des 20. Breitengrades) vor.
Die meisten Störarten sind diadrome Wanderfische. Den größten Teil ihres Lebens verbringen sie im Meer bzw. Brackwasser und steigen zum Laichen in die Flüsse auf (anadrome Wanderung). Dabei werden bis zu 1000 km zurückgelegt, bei hohen Wasserständen meist mehr als bei Niederwasser. Die täglichen Wanderstrecken können über 20 km betragen, dabei wandern die reiferen Störe meist schneller. Bei der Wanderung stromaufwärts schwimmen die meisten Tiere nahe am Boden, bei der Abwärtswanderung meist nahe der Oberfläche sowie bei hohen Wasserständen meistens näher am Ufer als bei Niederwasser. Bei der Wanderung werden öfter Rastpausen in den tiefen Gewässerabschnitten eingelegt.

Es haben sich bei den meisten Arten im wesentlichen zwei Formen gebildet: Die sogenannte Herbstform, die im Herbst oder Winter in die Flüsse – normalerweise weit hinauf – wandert, dort in der Nähe der Laichplätze an tiefen Stellen überwintert und erst im kommenden Frühjahr laicht, und die sogenannte Frühjahrsform, die im Frühjahr oder Sommer in die Flüsse – gewöhnlich nicht so weit – hinauf wandert und dort nach der Herbstform laicht. Ein geringer Teil der Laichfische, je nach Gewässersystem und Art, wandert und laicht jedoch auch außerhalb dieser Regel. Die Bedeutung dieser Ausnahmen liegt offensichtlich in der ökologischen Nutzung von verschiedenen Nischen, um möglichst große Bestände auf den Laichplätzen zu verteilen und verschiedene Futteraufkommen für die Brut zu nutzen.
Je nach Wasserführung und Störart driften die Brütlinge meist passiv mit einer Geschwindigkeit bis zu 30-50 km/Tag in den Mündungsbereich zum Meer oder bleiben bis zu einigen Jahren im Süßwasser und wandern dann aktiv ins Meer- bzw. Brackwasser.
Nach dem Laichen verweilen die Adulti teilweise lange Zeit im Süßwasser bis sie wieder ins Meer- bzw. Brackwasser zurückwandern (katadrome Wanderung). Nach mehrjährigem Aufenthalt im Meer steigen sie wiederum zum Laichen in die Flüsse auf. Im Meer halten sie sich im Sommer meist in Küstennähe der Flußmündungen auf und kommen im Winter in Tiefen bis zu 200 Meter vor. Die größeren Fische halten sich dabei überwiegend tiefer auf als die jüngeren. Die Wanderung im Meer wird wesentlich von Futterangebot und Wassertemperatur beeinflußt.
Es haben sich auch einige Süßwasserformen erhalten bzw. gebildet, die nicht ins Meer wandern. Diese unternehmen Wanderungen zum Laichen, Fressen und Überwintern innerhalb des Flußsystems.
Es können vier Typen von Stören nach ihrer Anpassung ans Salzwasser unterschieden werden: I. Solche, die fast ausschließlich im Meer leben und nur zum Laichen kurze Strecken in die Flüsse wandern, z.B. *Acipenser medirostris, Acipenser sinensis*. II. Solche, die meist im Deltabereich der Flußmündungen leben und oft zwischen Meer und Fluß hin und her wandern, z.B. *Acipenser sturio, Acipenser naccarii, Acipenser transmontanus*. III. Solche, die meist im brackigen Meerwasser leben, z.B. *Acipenser gueldenstädti, Acipenser stellatus, Huso huso*. IV. Solche, die ausschließlich im Süßwasser leben, z.B. *Acipenser ruthenus, Acipenser fulvescens, Scaphirhynchus sp.*
Zusätzlich gibt es auch lokale Populationen innerhalb einer Art, die verschiedene Bereiche besiedeln, z.B. *Acipenser baeri, Acipenser nudiventris,*

Huso dauricus. Von der Entwicklungsgeschichte geht man davon aus, daß sich die Störe vom Süßwasser aus ans Meerwasser angepaßt haben. Die am längsten im Meer lebenden Störarten sind also die am höchsten entwickelten.

Störe erreichen die Geschlechtsreife sehr spät, Rogner mit 10-20 Jahren, Milchner mit 5-15 Jahren. Sie laichen meist nicht jährlich, sondern im Abstand von 2-5 Jahren, wobei die Milchner kürzere Intervalle haben als die Rogner. 10-20% der adulten Gesamtpopulation ist in einem Jahr jeweils sexuell aktiv. Ein Stör nimmt durchschnittlich, je nach Störart und Lebensweise, 4-5mal im Leben an der Vermehrung teil. Das Geschlechterverhältnis beträgt weitgehend ca. 1:1. Die Rogner sind bei gleichem Alter gewöhnlich größer als die Milchner und werden auch älter.

Die Laichzeit erstreckt sich vom Frühjahr bis zum Sommer bei Wassertemperaturen von 10-20°C und ist wesentlich von Photoperiode und Wasserströmung abhängig. Die Rogner haben im Durchschnitt 10.000-20.000 Eier/kg Körpergewicht. Die klebrigen, braungrauen bis schwarzen Eier, mit einem Durchmesser von 2-4 mm und einem Gewicht von 10-20 mg, werden überwiegend bei starker Strömung über schottrigem bis kiesigem Grund abgelegt und haften mit einer Klebeschicht aus Glycoproteinen am Substrat. Die Eier haben am animalen Pol meist 3-15 Microphylen (manchmal bis zu 25) und sind am vegetalen Pol besonders stark klebrig. Die 40-

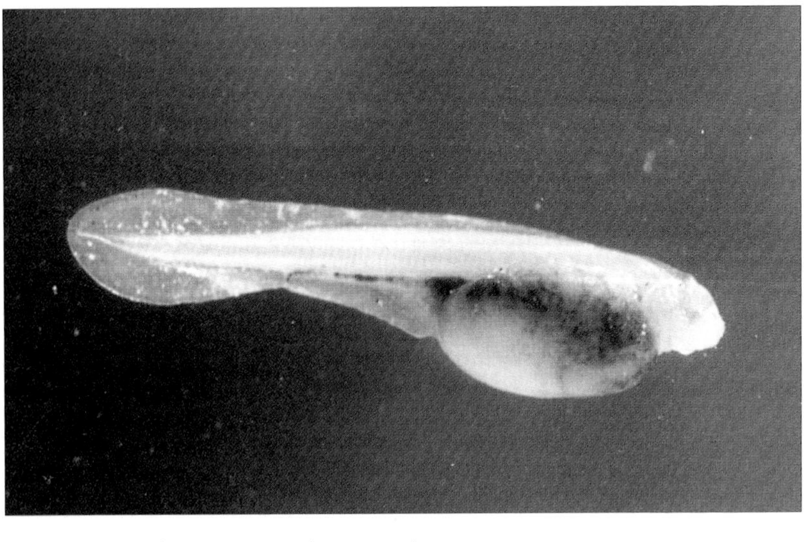

Frisch geschlüpfte, einen Tag alte Hausenlarve *Foto: Steiner*

60 µm langen und 1-2 µm breiten acrosomalen Spermien sind im Wasser teilweise über 10 Minuten (manchmal bis zu 1 h) bewegungsfähig, was für die Befruchtung in der starken Strömung von Vorteil ist. Die Entwicklungszeit der Eier bis zum Schlupf ist kurz und beträgt je nach Wassertemperatur 5-10 Tage. Die frischgeschlüpften Larven sind ca. 10 mm lang und nach weiteren 7-14 Tagen mit einer Größe von ca. 20 mm freßfähig. Die Fettreserven im Dottersack sind hoch und werden bis zu Beginn der aktiven Nahrungsaufnahme zu ca. 60% verbraucht. Die frischgeschlüpften, transparenten Larven machen im Zuge ihrer Entwicklung eine Verwandlung (*Metamorphose*) durch. Die Augen bestehen anfangs aus einem Pigmentfleck, die Mundspalte und Bartfäden müssen sich erst entwickeln (siehe S. 16 und Anhang). Der Dottersack ist hell und der Rücken schwarzgrau pigmentiert. Der Körper ist nur von einem Flossensaum umgeben, aus dem sich die Flossen entwickeln. Die freßfähigen Larven haben kleine Zähne, die sich später zurückbilden. Mit einen Größe von 2-5 cm bzw. nach 20-30 Tagen ist die *Metamorphose* abgeschlossen, und die juvenilen Störe sehen den adulten sehr ähnlich.
Das Wachstum der einzelnen Arten ist sehr unterschiedlich und wesentlich von Nahrungsangebot, Wassertemperatur und Lebensweise abhängig (siehe Tab. S. 19). Es kann aber auch innerhalb einer Art in den verschiede-

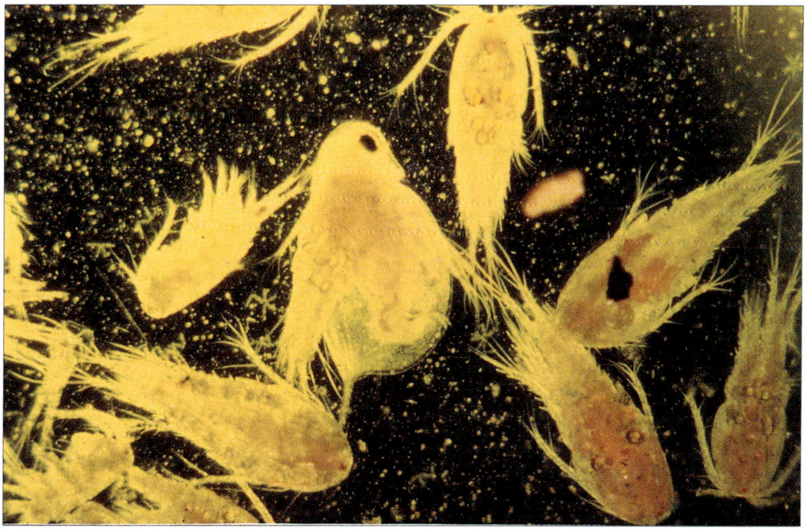

Zooplankton (Daphnia und Cyclops), erste Nahrung der Störlarven und Hauptnahrung des Löffelstörs *Foto: Steiner*

nen Meeren bzw. Flußsystemen sehr unterschiedlich sein. Wobei dieselbe Art klimatisch bedingt meist im Süden schneller wächst als im Norden (siehe Tab. S. 20). Einige Arten sind sich im Wachstum (Gewicht) wiederum, durch unterschiedliche klimatische Bedingungen und Verfügbarkeit der Nahrung, zufällig sehr ähnlich. So wächst z. B. im Durchschnitt der Waxdick in der Wolga vergleichbar dem Sternhausen im Kuban, der Gemeine Stör in der Gironde ähnlich wie der Atlantische Stör im St. Lorenz Strom, der Sibirische Stör im Jenissej etwa wie der Sterlet in der Donau und der Seestör im Winnipegsee gleich dem Amurstör im Amur.
Störe werden allgemein, je nach Befischungsintensität und Art, im Durchschnitt 1-2 m lang, 10-100 kg schwer und 20-50 Jahre alt.
Die Nahrung der Störe besteht aus Insektenlarven, Würmern, Schnecken, Muscheln, Krebsen und Fischen (siehe Anhang). Jungfische ernähren sich hauptsächlich von Zooplankton, kleinen Würmern und Insektenlarven. Die Nahrungsaufnahme erfolgt durch Einsaugen der Nährtiere, ausgenommen beim Löffelstör, welcher seine Nahrung (Zooplankton, siehe S. 17) filtriert. Es werden oft Pflanzenteile bzw. Detritus mitaufgenommen. Im Winter und während der Laichwanderung wird meist wenig Nahrung gefressen.

Durchschnittliches Wachstum (kg) in der Natur

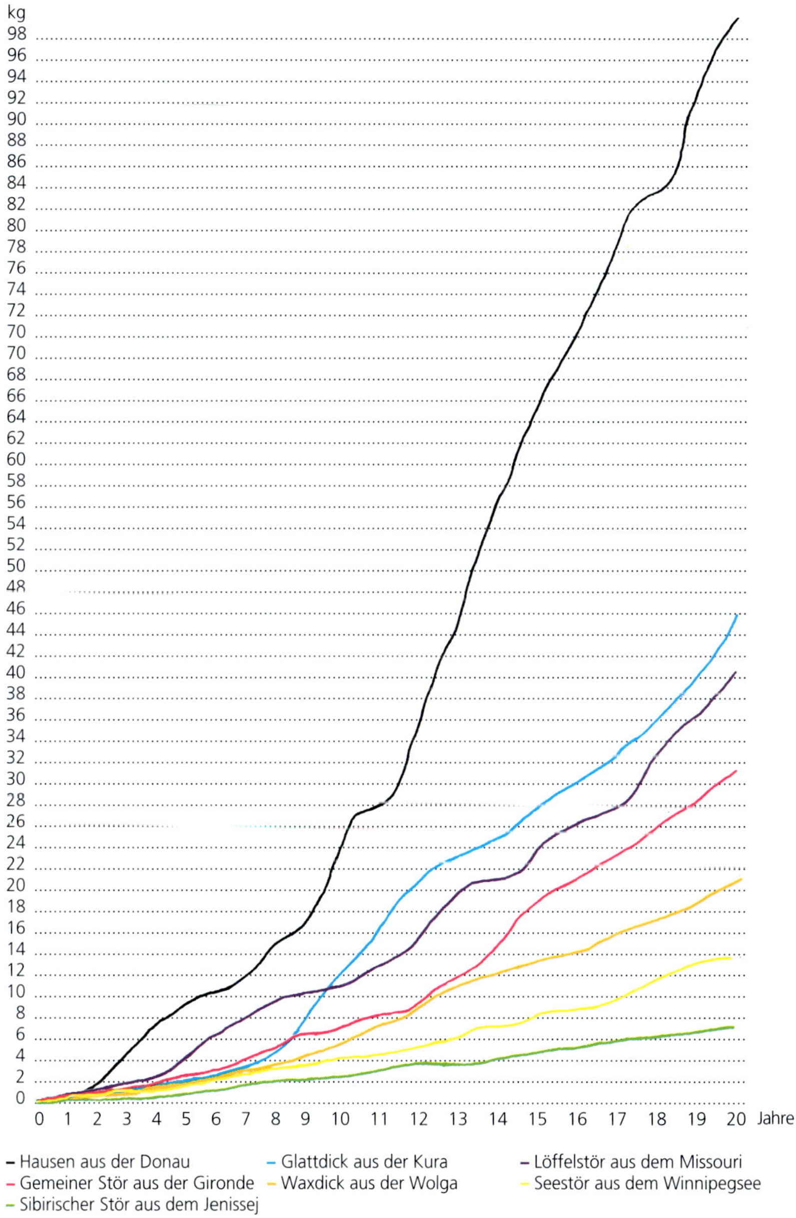

Durchschnittliches Wachstum des Gemeinen Störs in verschiedenen Flußsystemen

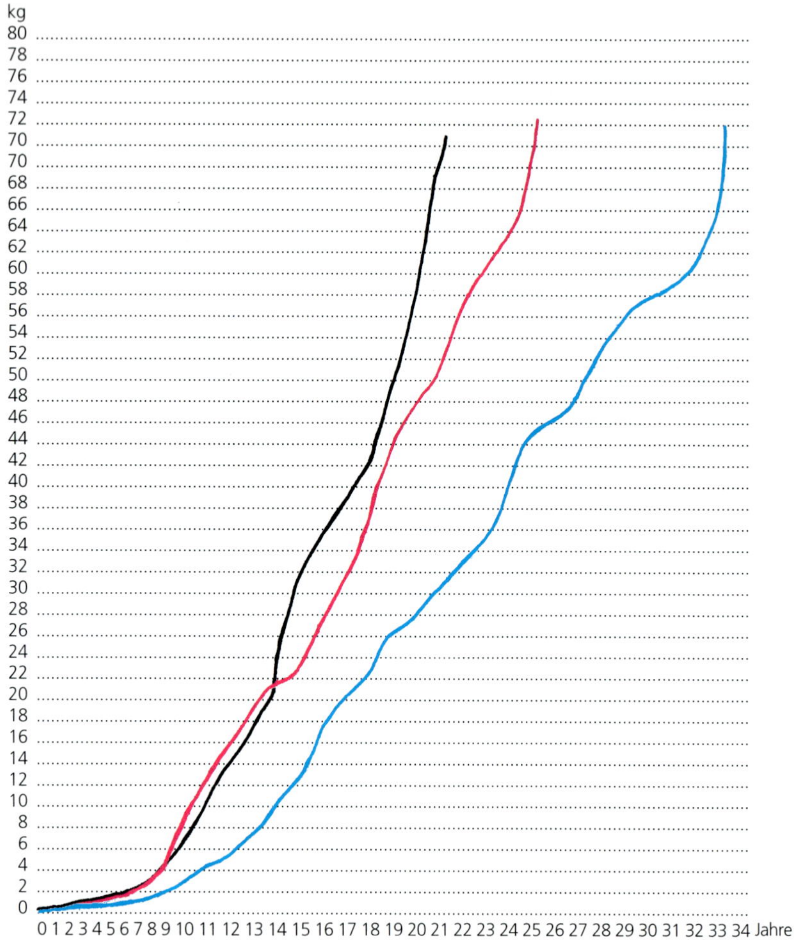

- Gemeiner Stör aus dem Rioni in Georgien (Schwarzes Meer)
- Gemeiner Stör aus dem Guadalquivir in Spanien (Atlantik)
- Gemeiner Stör aus der Gironde in Frankreich (Atlantik)

Tab: 1/2: Modifiziert nach Dillard et al., 1986; Holcik et al., 1989; Magnin, 1963; Probst et Cooper, 1955.

Wie viele Wirbeltiere werden auch die Störe je nach Verbreitung und Lebensweise unterschiedlich stark von zahlreichen Parasiten befallen (siehe Anhang). Meist ist das Wirt-Parasit-Verhältnis ausgeglichen, und die Parasiten beeinträchtigen den Wirtsfisch nicht. Einige Parasiten sind sehr wirtspezifisch und nur an Stören festzustellen, z. B. *Polypodium hydriforme*, ein Polyp, der unter der Eischale um den Dotter liegt und schmarotzt – er überwintert in den Eiern der Störe, und kurz vor der Eiablage werden die Stolonen ausgestülpt.

Nitzschida sturionis, ein mariner Hakenwurm, welcher die Kiemen befällt und sich vom Blut des Wirts ernährt – bei starkem Befall werden die Kiemenlamellen geschädigt, was bis zum Ersticken führen kann.

Amphilina foliacea, ein ovaler blattartiger weißlicher Bandwurm, der frei in der Leibeshöhle liegt – bei starkem Befall kann eine Beeinträchtigung der Gesundheit eintreten.

Cystoopsis acipenseris, ein Fadenwurm, welcher oft in der Unterhaut der Störe sitzt – beim Befall entstehen Geschwüre, die beim Aufplatzen Parasiten freilassen. Als Zwischenwirte dienen Flohkrebse.

Hysterothylacium bidentatum, ein Fadenwurm, der sich im Darm, der Schwimmblase und in der Bauchhöhle einnistet – bei starkem Befall treten Entzündungen der Bauchhöhle und mitunter auch Durchlöcherungen der Schwimmblase auf.

Lepeophtheirus sturionis und *Dichelestium oblongum*, parasitische marine Copepoden, die auf der Haut bzw. in den Kiemen leben.

Bei der Wanderung vom Meer ins Süßwasser verlieren die Störe größtenteils die Außenparasiten vom Salzwasser und werden von Süßwasserparasiten befallen (bei der Rückwanderung umgekehrt).

Röntgenaufnahme eines Atlantischen Störs, relativ gut sind die Knochenteile (schwarz) und Knorpeln (grau) zu sehen *Nach Grande et Bemis, 1991*

SYSTEMATIK

Störe gehören zur Klasse der Knochenfische (*Osteichthyes* Huxley, 1880) mit der Unterklasse Strahlenflosser (*Actinopterygii* Cope, 1887), bilden aber sozusagen einen Übergang von Knorpel- zu Echten Knochenfischen, die Serie Knorpelganoiden (*Chondrostei* Müller, 1844), da sie einerseits ein Knorpelskelett, andererseits Knochenplatten (Kopf und Ganoidschuppen) haben (siehe S. 21).
Die Störe sind eine der ältesten bekannten, noch lebenden Süßwasserfischform, sie kommen seit ca. 200 Millionen Jahren vor.

Die Ordnung *Acipenseriformes* Berg, 1940 (Störartige) wird in drei Familien eingeteilt:

I. ***Chondrosteidae*** Traquair, 1877 (Fossile Störe)
Bekannt aus dem späten Jura (Lias) sowie aus der Kreidezeit in England und Deutschland. Diese Familie ist bereits ausgestorben (z.B.: *Chondrosteus acipenseroides* Egerton, 1858 und *Chondrosteus pachyurus* Egerton, 1858).

II. ***Acipenseridae*** Bonaparte, 1831 (Rüsselstöre)
Vertreten mit 22 Arten in 4 Gattungen, welche in zwei Unterfamilien geteilt werden:
1.) *Acipenserinae* Bonaparte, 1845 (Echte Störe)
2 Gattungen:
a) *Acipenser* Linnaeus, 1758 (Störe)
Vertreten mit 15 Arten
b) *Huso* Brandt, 1869 (Hausen)
Vertreten mit 2 Arten

2.) *Scaphirhynchinae* Bonaparte, 1845 (Schaufelstöre)
2 Gattungen:
a) *Scaphirhynchus* Heckel, 1835 (Amerikanische Schaufelstöre).
Vertreten mit 2 Arten
b) *Pseudoscaphirhynchus* Nicol'skii, 1900 (Asiatische Schaufelstöre).
Vertreten mit 3 Arten

III. ***Polyodontidae*** Bonaparte, 1838 (Löffelstöre)

Vertreten mit 4 Arten in 4 Gattungen, welche in zwei Unterfamilien geteilt werden:

1.) *Paleopsephurinae* Grande et Bemis, 1991

Eine Gattung, bereits ausgestorben. Bekannt aus Süßwassersandsteinablagerungen der Kreidezeit in Nordamerika.

a) *Paleopsephurus* MacAlpin, 1947

Vertreten mit einer Art (*P. wilsoni* MacAlpin, 1947)

2.) *Polyodontinae* Grande et Bemis, 1991

3 Gattungen:

a) *Crossopholis* Cope, 1883 (bereits ausgestorben)

Vertreten mit einer Art (*C. magnicaudatus* Cope, 1883)

b) *Polyodon* Lacépède, 1797 (Löffelstör)

Vertreten mit einer Art

c) *Psephurus* Günther, 1873 (Schwertstör)

Vertreten mit einer Art

Systematische Stellung

am Beispiel des Waxdicks

Stamm

Vertebrata
(Wirbeltiere)

Klasse

Chondrichthyes **(Knorpelfische)** | ***Osteichthyes*** **(Knochenfische)** | ***Agnatha*** **(Kieferlose)**

Unterklasse

Actinopterygii **(Strahlenflosser)** | ***Sarcopterygii*** **(Fleischflosser)**

Serie

Chondrostei
(Knorpelganoiden)

Holostei
(Knochenganoiden)

Polyptei
(Flössler)

Teleostei
(Echte Knochenfische)

Ordnung

Acipenseriformes
(Störartige)

Familie

Acipenseridae
(Rüsselstöre)

Chondrosteidae
(Fossile Störe)

Polyodontidae
(Löffelstöre)

Unterfamilie

Acipenserinae
(Echte Störe)

Scaphirhynchinae
(Schaufelstöre)

Gattung

Acipenser
(Störe)

Huso
(Hausen)

Art

Acipenser gueldenstaedti
(Waxdick)

14 weitere Störarten

Unterart

Acipenser gueldenstaedti persicus
(Persischer Stör)

Acipenser g. gueldenstaedti
(Russischer Stör)

Rasse

Acipenser gueldenstaedti persicus natio *colchicus*
(Kaukasischer Stör)

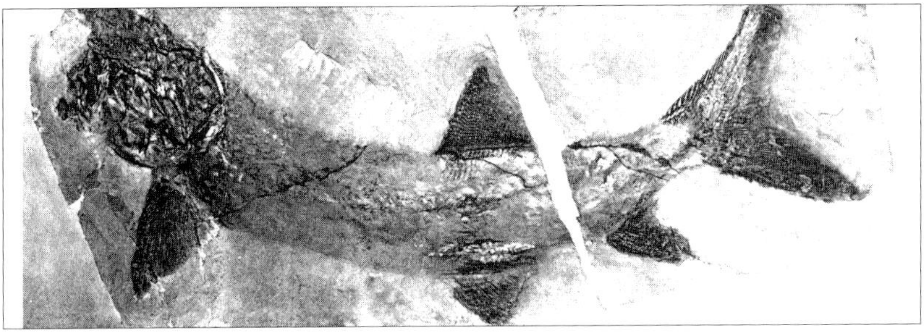

Condrosteus acipenseroides *Egerton, 1858*
Fossiler Stör, ca. 1 m lang, aus dem späten Lias von England. Charakterisiert durch ein zahnloses unterständiges Maul und kurzes Rostrum sowie lediglich einige Fulcra an der Oberseite der Schwanzflosse. Nach Grande et Bemis, 1991

Crossopholis magnicaudatus *Cope, 1883*
Fossiler Löffelstör aus dem Tertiär vom „Green River Lake System" (fossiler See) im westlichen Nordamerika. Nur aus dem Süßwasser bekannt, die Nahrung bestand hauptsächlich aus Fischen, er wurde bis zu 1,5 m lang. Nach Grande et Bemis, 1991

HYBRIDEN

Anhand der Chromosomenzahl (2n), wobei etwa die Hälfte Macrochromosomen und der Rest sehr kleine Microchrosomen sind, werden die Störarten in zwei Gruppen eingeteilt: diploide Arten mit ca. 120 Chromosomen (2n) und tetraploide Arten mit ca. 240 Chromosomen. Kreuzt man Störe innerhalb einer Gruppe, so sind die Nachkommen fertil, kreuzt man Störe der beiden Gruppen, so sind die Nachkommen triploid und somit steril. Die fertilen Störhybriden spalten sich in der F_2-Generation wieder teilweise in die Ausgangsarten auf (Mendelsche Regeln).

Zur Gruppe mit 120 Chromosomen gehören unter anderem: *Acipenser nudiventris, Acipenser oxyrhynchus, Acipenser ruthenus, Acipenser stellatus, Acipenser sturio, Huso dauricus, Huso huso, Scaphirhynchus albus* und *Scaphirhynchus platorynchus.*
Zur Gruppe mit 240 Chromosomen gehören unter anderem: *Acipenser baeri, Acipenser gueldenstaedti, Acipenser naccarii, Acipenser fulvescens, Acipenser schrencki, Acipenser sinensis* und *Acipenser transmontanus.*
In natürlichen Gewässern kommen Hybriden bei den zusammenlebenden Arten öfter vor. Die Ursache der natürlichen Hybridisierung liegt vor allem bei der Nutzung derselben Laichplätze zur selben Zeit. In der Wolga sind 41% aller Hybriden aus Waxdick x Sterlet, welche nach den Anfangssilben der russischen Namen „**Os**etra und **Ster**lyad" **Osster** (oder Donauhybride bzw. Wolgahybride) genannt werden, und 39% aus Waxdick x Sternhausen. Die sterilen Hybriden bleiben vorwiegend in den Flüssen und wandern nicht ins Meer.
Seit Anfang der fünfziger Jahre werden in Rußland Störhybriden gezüchtet. Unter künstlichen Bedingungen wird unter anderem der **Bester** aus Hausen x Sterlet erzeugt (siehe S. 27), der nach den Anfangssilben der russischen Namen „**Be**luga und **Ster**lyad" benannt wird, sowie der **Sibster** nach dem Sibirischer Stör x Sterlet und der **Osbel** (oder Kaspihybride) aus Waxdick x Hausen. Letzterer wird vor allem für die Aufzucht in Netzgehegen im Meer- und Brackwasser verwendet. Der Bester wurde Anfang der siebziger Jahre aus Rußland nach Ungarn sowie Ostdeutschland und Anfang der achtziger Jahre nach Japan importiert.
Die F_2- Generation wächst beim Bester etwas schlechter als die F_1- Generation. So wächst die Kreuzung Rogner x Sterlet Milchner um 10-20% besser als die Kreuzung Sterlet Rogner x Milchner.
Man erwartete sich von den Hybriden ein besseres Wachstum und eine bessere Fleischqualität. Die Hybriden wachsen aber in der Teichwirtschaft erfahrungsgemäß schlechter als die reinen Ausgangsarten, und sie wachsen auch stärker auseinander. Man erreicht immer nur den Durchschnitt der beiden Elternarten, sodaß für die Aquakultur mehr und mehr die reinen Arten verwendet werden. Die Fleischqualität hängt im allgemeinen mit dem verabreichten Futter und mit der Wasserqualität und nur teilweise mit der Art zusammen.
Die Hybriden haben Merkmale von beiden Ausgangsarten, sowohl im Aussehen als auch in der Lebensweise. Die Unterscheidung ist bei einigen Hybriden relativ schwierig, vor allem dann, wenn es sich um eine Mehrfachkreuzung handelt (z. B.: Bester x Waxdick).

Früher wurden auch manchmal Hybriden als Art oder Unterart beschrieben, und die Wissenschaft tat sich gelegentlich sehr schwer bei der Einordnung (z. B.: *Acipenser nasus* Heckel, 1851 = *Huso huso* x *Acipenser naccarii*; *Acipenser primigenius* Chalikov, 1944 = *Acipenser ruthenus* x *Acipenser gueldenstaedti*; *Acipenser schypa* Brandt, 1830 = *Huso huso* x *Acipenser nudiventris*).
Bei den Bestimmungsschlüsseln der Arten wurden natürlich vorkommende Hybriden nicht berücksichtigt. So sind die wichtigsten Merkmale der Hybriden (im Vergleich zur anderen Elternart):

Hausen: größeres Maul und eine freie Falte unter dem Isthmus
Sterlet: gefranste Bartfäden, mehr als 50 Seitenschilder
Sternhausen: längere, flachere, schmälere Schnauze, sternförmige Knochenplättchen
Waxdick: kürzere, breitere Schnauze, sternförmige Knochenplättchen

Bester, fertile Kreuzung zwischen Hausen x Sterlet, die Geschlechtsreife wird unter Aquakulturbedingungen von den Männchen mit 5-6 Jahren und den Weibchen mit 7-8 Jahren bei einer Größe von 6-8 kg erreicht.

ARTEN
in Einzeldarstellung

Bestimmungsschlüssel* für die Familien und Gattungen

A Körper mit fünf Reihen von Knochenschildern, vier Bartfäden in einer Reihe vor dem Maul, Schnauze kurz (unter 70% der Kopflänge): .... ***Acipenseridae***

a Schnauze kegelförmig, Spiraldarm und Spritzlöcher gut entwickelt: .... ***Acipenserinae***

1 Maul sichelförmig, bis an den Kopfrand reichend, Kiemenhaut verschmolzen, eine freie Falte unter dem Isthmus bildend, Bartfäden abgeflacht: .... *Huso*

2 Maul klein und quergestellt, Kiemenhaut dem Isthmus angeheftet, keine Falte bildend, Bartfäden rund: .... *Acipenser*

b Schnauze schaufelförmig, Spiraldarm und Spritzlöcher fehlen oder sind schwach entwickelt: .... ***Scaphirhynchinae***

3 Schwanzstiel verlängert, vollständig mit Knochenplatten besetzt, Bartfäden gefranst: .... *Scaphirhynchus*

4 Schwanzstiel kurz, teilweise mit Knochenplatten besetzt, Bartfäden nicht gefranst: .... *Pseudoscaphirhynchus*

B Körper ohne Reihen von Knochenschildern, zwei sehr kleine Bartfäden, Schnauze lang und abgeflacht (über 70% der Kopflänge): .... ***Polyodontidae***

5 Schnauzenspitze rund, Kiemenreusen lang, Maul weit gespalten, keine Zähne: .... *Polyodon*

6 Schnauzenspitze spitz, Kiemenreusen kurz, Maul vorstülpbar, zahlreiche Zähne: .... *Psephurus*

* (Erstellt und überarbeitet unter anderem nach: Berg, 1948; Georgi et al., 1992; Grande et Bemis, 1991. Holcik et al., 1989; Mohr, 1962; Nikolski, 1957; Scott et Crossman, 1973; Williot et al., 1991.)

Bestimmungsschlüssel für die in Europa vorkommenden Störarten

1 Maul sichelförmig, bis an den Kopfrand reichend, Kiemenhaut verschmolzen, eine freie Falte unter dem Isthmus bildend, Bartfäden abgeflacht: .... ***Huso huso***
Maul klein und quergestellt, Kiemenhaut dem Isthmus angeheftet, keine Falte bildend, Bartfäden rund: 2

2 Unterlippe in der Mitte nicht geteilt: .... ***Acipenser nudiventris***
Unterlippe in der Mitte geteilt: 3

3 Kiemenreusen fächerförmig, mit einigen Warzen besetzt: .... ***Acipenser baeri***
Kiemenreusen nicht fächerförmig, mit einer Spitze endend: 4

4 Mehr als 55 Seitenschilder, Bartfäden stark gefranst: .... ***Acipenser ruthenus***
Weniger als 55 Seitenschilder, Bartfäden wenig oder nicht gefranst: 5

5 30 und mehr Kiemenreusen, am Rücken zahlreiche kleine, rhombische Knochenplättchen: .... ***Acipenser naccarii***
29 und weniger Kiemenreusen: 6

6 Am Rücken zahlreiche kleine, rhombische Knochenplättchen, erstes Rückenschild mit Hinterhaupt verbunden: .... ***Acipenser sturio***
Zahlreiche sternförmige Knochenplättchen, erstes Rückenschild vom Hinterhaupt getrennt: 7

7 Schnauze breit und konisch, weniger als 60% der Kopflänge, Bartfäden näher zur Schnauzenspitze: .. ***Acipenser gueldenstaedti***

8 Schnauze flach und schmal, mehr als 60% der Kopflänge, Bartfäden näher zum Maul: .... ***Acipenser stellatus***

Bestimmungsschlüssel für die in Amerika vorkommenden Störarten

A Schnauze kegelförmig, Spiraldarm und Spritzlöcher gut entwickelt, Unterlippe mit zwei Warzen, Bartfäden nicht oder nur schwach gefranst, Schwanzstiel kurz und teilweise mit Knochenplatten: 1

B Schnauze schaufelförmig, Spiraldarm und Spritzlöcher fehlen oder sind schwach entwickelt, Unterlippe mit vier Warzen, Bartfäden stark gefranst, Schwanzstiel verlängert und vollständig mit Knochenplatten: 6

1 Weniger als 21 Kiemenreusen, Bartfäden näher zum Maul: .... ***Acipenser medirostris***
Mehr als 21 Kiemenreusen: 2

2 Keine Knochenplatten zwischen Afterflosse und Schwanzflosse, Bartfäden näher zur Schnauzenspitze: .. ***Acipenser transmontanus***
Knochenplatten zwischen Afterflosse und Schwanzflosse: 3

3 Mehrere Knochenplatten zwischen Afterflosse und Schwanzflosse, Bartfäden näher zum Maul: .... ***Acipenser oxyrhynchus***
Eine Knochenplatte zwischen Afterflosse und Schwanzflosse: 4

4 Afterflosse mit weniger als 24 Flossenstrahlen, weniger als 30 Kiemenreusen: .... ***Acipenser brevirostrum***

5 Afterflosse mit mehr als 24 Flossenstrahlen, meist mehr als 30 Kiemenreusen: .... ***Acipenser fulvescens***

6 Rückenflosse mit weniger als 37 Flossenstrahlen, Bauch mit zahlreichen Knochenplättchen besetzt, Bartfädenansatz in einer Reihe: ...... ***Scaphirhynchus platorynchus***

7 Rückenflosse mit mehr als 36 Flossenstrahlen,
Bauch ohne Knochenplättchen besetzt,
Ansatz äußerer Bartfäden hinter inneren: .... ***Scaphirhynchus albus***

Bestimmungsschlüssel für die in Asien vorkommenden Störarten

A Schnauze kegelförmig, Spiraldarm und
Spritzlöcher gut entwickelt: 1

B Schnauze schaufelförmig, Spiraldarm und
Spritzlöcher fehlen oder sind schwach entwickelt: 8

1 Maul sichelförmig, bis an den Kopfrand reichend, Kiemenhaut
verschmolzen, eine freie Falte unter dem Isthmus bildend,
Bartfäden abgeflacht: .... ***Huso dauricus***
Maul klein und quergestellt, Kiemenhaut dem Isthmus angeheftet,
keine Falte bildend, Bartfäden rund: 2

2 Kiemenreusen fächerförmig,
mit einigen Warzen besetzt: .... ***Acipenser baeri***
Kiemenreusen nicht fächerförmig, mit einer Spitze endend: 3

3 mehr als 55 Seitenschilder,
Bartfäden stark gefranst: .... ***Acipenser ruthenus***
weniger als 55 Seitenschilder,
Bartfäden wenig oder nicht gefranst: 4

4 10 und weniger Rückenschilder,
weniger als 21 Kiemenreusen: .... ***Acipenser medirostris***
10 und mehr Rückenschilder: 5

5 weniger als 30 Seitenschilder: .... ***Acipenser sinensis***
mehr als 30 Seitenschilder: 6

6 mehr als 35 Kiemenreusen: .... ***Acipenser schrenki***

7 weniger als 35 Kiemenreusen: .... ***Acipenser dabryanus***

8 weniger als 12 Kiemenreusen, mehr als 14 Rückenschilder,
keine Stacheln am Kopf: .... ***Pseudoscaphirhynchus fedtschenkoi***
mehr als 12 Kiemenreusen, weniger als 15 Rückenschilder: 9

9 1-5 Stacheln am Kopf, Schwanzflossenfaden vorhanden,
keine Falte an der Brustflosse: ***Pseudoscaphirhynchus kaufmanni***

10 eine Falte an der Brustflosse, Schwanzflossenfaden
und Stacheln fehlen: .... ***Pseudoscaphirhynchus hermanni***

ACIPENSER BAERI Brandt, 1869, **SIBIRISCHER STÖR**

Beschreibung:

10-20 Rückenschilder, 32-62 Seitenschilder, 7-16 Bauchschilder, 20-49 Kiemenreusendornen

Die einzelnen Kiemenreusen sind fächerförmig und mit einigen Warzen besetzt. Die Länge der Schnauze kann sehr unterschiedlich sein und beträgt 33-61% der Kopflänge, die Kopflänge beträgt 17-27% der Gesamtlänge. Die Störe des Ob haben die kürzeste Schnauze, die der Lena und des Jenissej die längste, und die Population des Baikalsees liegt zwischen den beiden. Die Unterlippe ist in der Mitte tief gespalten, die Oberlippe eingebuchtet, und die Bartfäden sind leicht gefranst. Das erste Rückenschild hängt mit dem Hinterhaupt zusammen. Der Körper ist mit kleinen, sternförmigen Knochenplättchen besetzt.

Die Oberseite ist braungrau bis schwarz gefärbt und die Unterseite gelblich bis schmutziggrau gefleckt. Die Knochenplatten haben meist dieselbe Farbe wie ihr Untergrund.

Verbreitung:

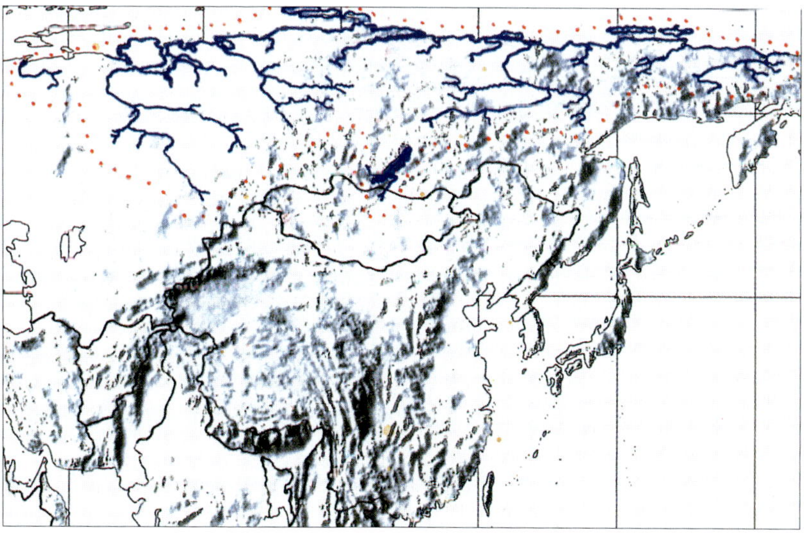

Verbreitungsgebiet des Sibirischen Störs

Der Sibirische Stör kommt in Asien in fast allen Flüssen Sibiriens vor, vom Ob im Westen, über Jenissej, Lena, Indigirka bis zum Kolyma im Osten. Er bevölkert vor allem die mittleren und unteren Strecken der Flüsse sowie die angrenzenden Küstengebiete. Er besiedelt auch den Baikalsee.
Der Sibirische Stör wurde Mitte der sechziger Jahre durch die UdSSR in Europa unter anderem im Petschora Fluß sowie in der Ostsee (Bucht von Riga und Bucht von Finnland), im Ladogasee und einigen anderen Gewässern eingebürgert – aber ohne großen Erfolg.
Teilweise haben sich eigene Populationen in den jeweiligen Flußsystemen gebildet. Der Sibirische Stör wird in zwei Unterarten eingeteilt: die typische Form, *Acipenser baeri baeri* Brandt, die im Ob vorkommt, und *Acipenser baeri stenorrhynchus* Nikol'skii, welche in der Lena, in der Kolyma und im Jenissej vorkommt und sich vor allem durch die Schnauzenlänge unterscheidet.

Lebensweise:
Die Nahrung besteht hauptsächlich aus Insektenlarven (*Chironomus*) und Krebsen (*Pontoporeia, Mysis, Corophium, Saduria*). Bei der Nahrungsaufnahme werden oft große Mengen (bis zu 90%) an Detritus und Sediment mit aufgenommen, seltener auch kleine Fische (*Cottus*).
Der Sibirische Stör wird bis zu 2 m lang, 200 kg schwer und 60 Jahre alt. In den östlichen Verbreitungsgebieten (Lena und Kolyma) wiegt er wegen der klimatischen Bedingungen meist nur 10-16 kg. Das Wachstum ist je nach Flußsystem, Nahrungsangebot und Temperatur sehr unterschiedlich. Im Ob und im Baikalsee ist es sehr schnell und wird in den östlichen Flußsystemen immer langsamer. Die Hauptgruppe der Störe im Ob und Jenissej ist 10-29 Jahre alt, jene des Baikalsees 15-29 Jahre und die der Lena 10-19 Jahre.
Der Sibirische Stör kommt in zwei Formen vor: eine wandernde, die im Eismeer und im Mündungsbereich der Flüsse lebt und zum Laichen in die Flüsse aufsteigt sowie eine stationäre Süßwasserform, die vor allem die mittleren und oberen Flußabschnitte (Lena) bevölkert und kaum wandert. Die Population des Baikalsees bildet eine reine Süßwasserform, welche zum Laichen in den Selenga hinaufwandert.
Der Sibirische Stör erreicht seine Geschlechtsreife erst sehr spät: Die Männchen mit 18-24 Jahren und die Weibchen mit 20-28 Jahren, ausgenommen die der Lena, wo die Männchen mit 9-10 Jahren und die Weibchen mit 11-12 Jahren geschlechtsreif werden. Die Mindestgröße beträgt 0,6-0,9 m und das Mindestgewicht 0,7 kg. Sie laichen nicht jährlich, sondern in

einem Mindestabstand, der bei den Männchen 2-3 Jahre und bei den Weibchen 3-5 Jahre beträgt.
Die Laichwanderung beginnt im Herbst, und die Überwinterung erfolgt in den Flüssen. Die Männchen erreichen die Laichplätze vor den Weibchen.
Die Laichzeit erstreckt sich von Mai bis Juni bei Wassertemperaturen von 9-18°C. Generell beginnt die Laichzeit im Westen früher als im Osten.
Die Eimenge beträgt 13.000 bis 20.000 Stück je kg Körpergewicht, wobei die Population der Lena die höchste Eizahl abgegeben hat und die des Ob die geringste.
Die Eier haben einen Durchmesser von 2,5-2,8 mm und wiegen 18,5-20 mg. Der Laich wird überwiegend bei einer Strömung von ca. 1,4 m/sec über kiesigem bzw. schottrigem und steinigem Boden in einer Tiefe von 6-8 m abgelegt. Die frischgeschlüpften Larven haben eine Länge von ca. 10,5 mm und wiegen ca. 14 mg.
Die aktive Nahrungsaufnahme beginnt nach 10-14 Tagen bei einer Länge von ca. 22 mm und einem Gewicht von ca. 35,5 mg.

Fischerei und Fischzucht:
Das Hauptfanggebiet ist der Ob, wo ca. 80% der Gesamtfänge (200-250 t/Jahr) zu verzeichnen sind. Die Populationen des Baikalsees und des Jenissej sind stark überfischt.

Sibirischer Stör, 2-3 kg

In den siebziger Jahren wurden Störe der Lenapopulation nach Ungarn und Frankreich eingeführt, wo inzwischen ein Mutterfischbestand aufgebaut wurde, und seit Anfang der achtziger Jahre auch eine künstliche Vermehrung durchgeführt wird.
Ende der achtziger Jahre wurden die ersten Sibirischen Störe aus Ungarn nach Deutschland, Österreich und Italien eingeführt.
Die Männchen erreichen die Geschlechtsreife unter Aquakulturbedingungen mit 3-4 Jahren und die Weibchen mit 6-7 Jahren. Die Männchen werden jedes Jahr laichreif und die Weibchen alle 2-4 Jahre.
Der Sibirische Stör erreicht bei einer konstanten Wassertemperatur von 17°C in 6 Monaten 150-300 g, in 12 Monaten 500-800 g, in 18 Monaten 1500-2000 g und in 24 Monaten 2500-3000 g.
Die Marktgröße liegt in Frankreich und Italien bei 2,5 bis 3 kg. Auch Hybriden werden aus Sibirischer Stör x Sterlet gezüchtet, diese wachsen aber nach Praxisergebnissen in der Teichwirtschaft wesentlich langsamer als der reine Sibirische Stör.

ACIPENSER BREVIROSTRUM LeSueur, 1818, ***KURZNASENSTÖR***

Beschreibung:
7-13 Rückenschilder, 21-35 Seitenschilder, 6-11 Bauchschilder, 22-29 Kiemenreusendornen
Der Kopf beträgt 20-25% der Gesamtlänge. Die Bartfäden stehen näher zur kurzen, stumpfen Schnauzenspitze als zum breiten Maul.
Der Rücken ist dunkel, grünlich bis braun, die Seiten rötlich-grau und der Bauch weiß gefärbt. Die Jungfische haben schwarze Flecken. Die Knochenplatten sind deutlich heller als ihr Untergrund.

Verbreitung:

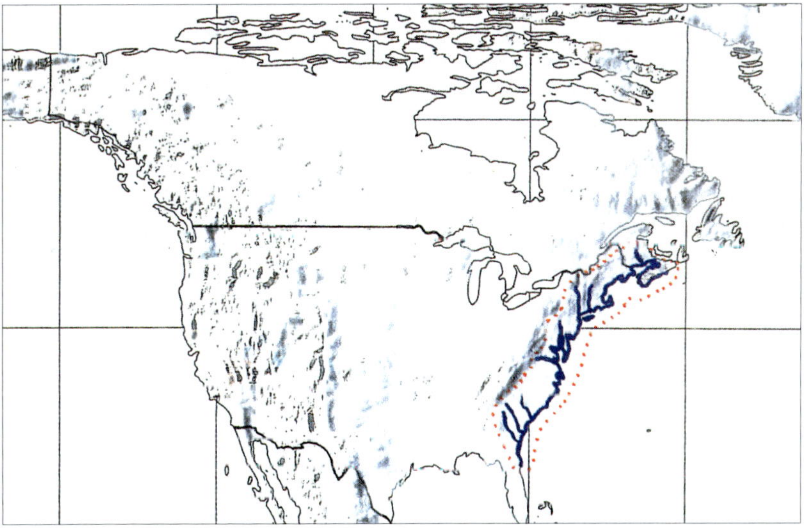

Verbreitungsgebiet des Kurznasenstörs

Der Kurznasenstör kommt in den meisten Flüssen entlang der Ostküste Nordamerikas zusammen mit dem Atlantischen Stör vor, vom St. John River in Kanada über Sheepscot und Kennebec, Connecticut, Hudson, Delaware, Savannah, Altomoha River bis zum St. Johns River in Florida.

Lebensweise:
Die Nahrung besteht hauptsächlich aus Weichtieren (*Amnicola, Valvata, Mya, Macoma, Sphaerium*), aber auch aus anderen Bodentieren wie

Krebsen (*Cyathura, Asellus, Gammarus, Neomysis, Crangon*) und Insektenlarven. Bei der Nahrungsaufnahme werden oft große Mengen (bis zu 90%) an Schlamm, Steinen und Pflanzen mit aufgenommen.
Der Kurznasenstör wird bis zu 1,4 m lang, 45 kg schwer und 67 Jahre alt.
Einige Populationen, wie die des St. John Rivers in Kanada, wandern gewöhnlich nur saisonal ins Meer, andere wiederum verbringen sehr lange Zeit im Atlantik. Die Population des St. John Rivers in Kanada unternimmt ihre Aufwärtswanderungen im Frühjahr und die Abwärtswanderungen im Herbst. Viele Weibchen und einige Männchen wandern aber auch im Herbst flußaufwärts, meist nicht sehr weit, überwintern in der Nähe der Laichplätze und laichen im kommenden Frühjahr.
Eine Süßwasserform ist vom Holyoke Pool des Connecticut Rivers bekannt. Sie unternimmt Herbst- und Frühjahrswanderungen zum Laichen, Fressen und Überwintern innerhalb des Flußsystems.
Die Männchen erreichen die Geschlechtsreife mit 5-12 Jahren und die Weibchen mit 6-18 Jahren bei einer Mindestgröße von 50-70 cm je nach Verbreitungsgebiet, im Süden früher als im Norden. Die Männchen laichen alle 2-3 Jahre und die Weibchen alle 3-8 Jahre, wobei die Störpopulationen im Süden die kürzeren Intervalle haben.
Die Laichzeit erstreckt sich von März bis Juni, im Süden beginnt sie früher als im Norden. Die Eier werden bei Wassertemperaturen von 10-15°C über kiesigem bis schottrigem Grund bei einer Strömung von 0,4-0,6 m/sec abgelegt. Einige Fische laichen auch in den Gezeitenflüssen des Brackwassers. Die Eizahl beträgt 11.000 bis 12.000 Stück/kg Körpergewicht bei einem Durchmesser von 3,0-3,2 mm. Die Eientwicklung dauert bei 12-17°C 8-12 Tage bzw. bei 20°C 110-120 Stunden.
Die frischgeschlüpften Larven haben eine Größe von ca. 9,6 mm und ein Gewicht von ca. 11 mg. Die Jungfische bleiben normalerweise einige Jahre in den Flüssen, die älteren Fische wandern oft in Gruppen zwischen Meer und Flüssen, wobei sie sich im Winter im Meer bzw. Brackwasser aufhalten.

Fischerei und Fischzucht:
Früher wurde der Kurznasenstör in Nordamerika mit verschiedenen Netzen kommerziell befischt, heute gehört er zu den stark gefährdeten Arten.
Seit Mitte der achtziger Jahre wird er in Nordamerika künstlich vermehrt. Es besteht ein Erhaltungs- und Vermehrungsprojekt, in dessen Rahmen

laichreife Fische während der Wanderung im Februar und März mit Elektrofischereigeräten oder Kiemennetzen (70 mm Maschenweite) im Savannah River gefangen werden. Die Laichfische werden in Becken bei 17-18°C gehalten und hypophysiert (die Weibchen mit 2,6-3,3 mg/kg und die Männchen mit 1,5-3 mg Störhypophysen/kg Körpergewicht), nach 22-36 Stunden wird abgestreift. Dabei wird alle Stunden gestreift, bis ein Großteil der Eier gewonnen ist. Die Störe sind bei einer durchschnittlichen Wassertemperatur von 23°C nach 3 Monaten 10 g schwer und 14,5 cm lang, nach 24 Monaten 180 g schwer und 35 cm lang. Seit Mitte der achtziger Jahre wurden insgesamt 97.000 Jungstöre (18.000 Stück davon markiert) im Alter zwischen 50 und 300 Tagen in den Savannah River ausgesetzt. Unterschiedliche Markierungsmethoden wurden getestet und das Wanderverhalten beobachtet. Die ausgesetzten Störe schwammen flußabwärts, und nach 21 Tagen wurden bis zu 111 km zurückgelegt. Die besten Wiederfangraten wurden bei einer Besatzgröße von 30-50 cm erreicht, wenn die Fische im oberen Flußabschnitt ausgesetzt wurden. Die ausgesetzten Jungfische machen ca. 40% der gesamten Jungfischpopulation aus.

Der Kurznasenstör ist im Washingtoner Artenschutzabkommen im Anhang I der gefährdeten Tiere angeführt.

ACIPENSER DABRYANUS Duméril, 1868, **JANGTSE STÖR**

Beschreibung:
10-12 Rückenschilder, 33-54 Seitenschilder
Der Kopf ist glatt, und die Knochenschilder sind mit kleinen knochigen Zähnchen überzogen.

Verbreitung:

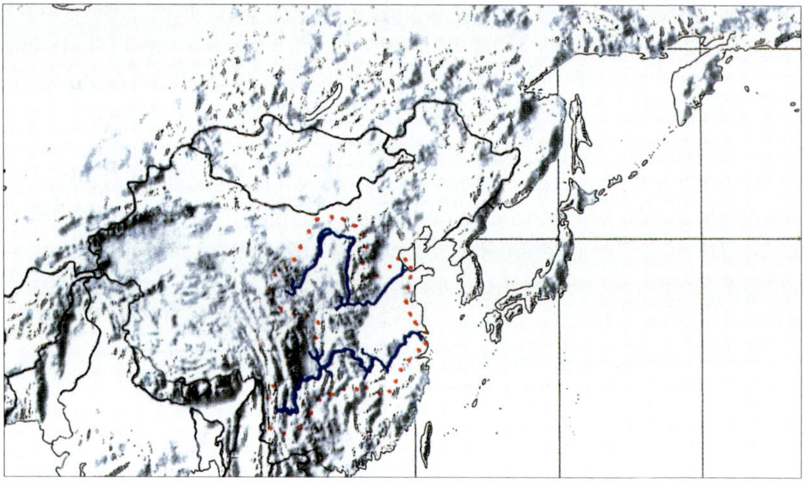

Verbreitungsgebiet des Jangtse Störs

Der Jangtse Stör kommt ausschließlich im Süßwasser des Hoangho und Jangtsekiang in Asien vor. Er besiedelt die oberen und mittleren Strecken dieser Flußsysteme, oft Bereiche mit starker Strömung.

Lebensweise:
Die Nahrung besteht aus Insektenlarven, Würmern, Krebsen und Weichtieren.
Der Jangtse Stör wird über 1,2 m lang und über 80 kg schwer.
Die Geschlechtsreife wird bei den Männchen mit 3-5 Jahren bei einer Größe von ca. 5 kg und bei den Weibchen mit 8-10 Jahren bei einer Größe von ca. 10 kg erreicht. Der Jangtse Stör laicht im Mindestabstand von 1-2 Jahren. Zur Laichzeit wandern die Störe flußaufwärts, um in den oberen Flußabschnitten zu laichen.

Fischerei und Fischzucht:
Seit Ende der siebziger Jahre besteht in China ein Vermehrungs- und Aufzuchtprojekt. Die Laichfische werden bei einer Wassertemperatur von 17-22,5°C gehalten und mit 8-20 mg Störhypophysen/kg Körpergewicht hypophysiert. Die Aufzucht erfolgt in Teichen unter Zufütterung von Naturfutter. Die tägliche Futterration beträgt 10% vom Besatzgewicht bei Jungfischen und 5-6% bei 2- bis 3jährigen Fischen. Der Stör wächst bis zu einer Länge von 10 cm sehr schnell, danach relativ langsam. Das größte Wachstum erreicht der Jangtse Stör in einem Alter von 2-3 Jahren.

ACIPENSER FULVESCENS Rafinesque, 1817, **SEESTÖR**, FELSENSTÖR

Beschreibung:
9-17 Rückenschilder, 29-42 Seitenschilder, 7-12 Bauchschilder, 25-40 Kiemenreusendornen
Die Schnauze ist lang und konisch, die Bartfäden stehen meist zwischen Maul und Schnauzenspitze und sind nicht gefranst. Die Unterlippe ist in der Mitte geteilt. Zwischen Bauch- und Afterflosse sind einige Knochenplatten in einer Reihe. Die Fulcra der Schwanzflosse ist kürzer als der Ansatz der Afterflosse.
Die Oberseite ist rotbraun bis gelbgrün gefärbt, und die Unterseite weiß oder gefleckt. Die Jungfische sind dunkel gefleckt. Die Knochenschilder haben meist dieselbe Färbung wie ihr Untergrund.

Verbreitung:

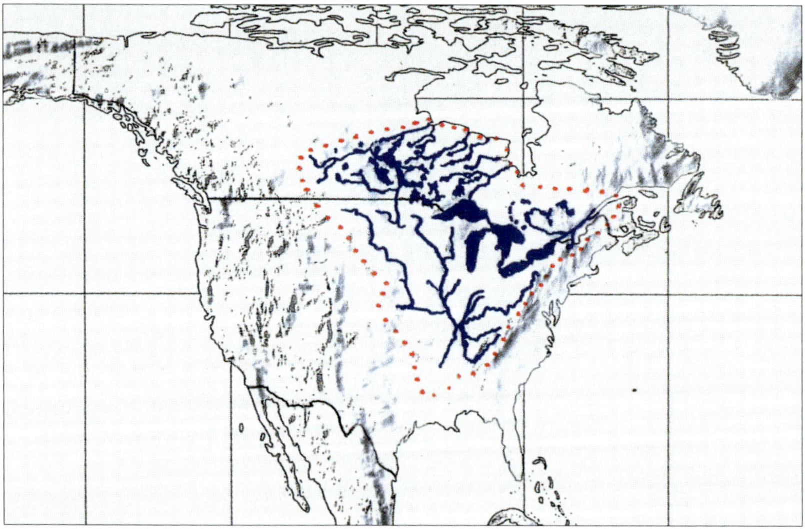

Verbreitungsgebiet des Seestörs

Der Seestör kommt in vielen großen Seen (Winnipeg, Nipigon, Oberer, Michigan, Huron, Erie und Ontario See) und Flüssen (Saskatchewan, Ottawa, Moose River) Nordamerikas vor. Sein Verbreitungsgebiet erstreckt sich vom Seal und Severn River im Norden über den Brazeau River im Westen und über Missouri, Mississippi zu Ohio, Cumberland und Tennessee River im

Süden, entlang der Appalachen bis zum St. Lorenzstrom im Osten.
Der Seestör ist ein reiner Süßwasserstör, der nur in Kanada, wenn auch selten, im Brackwasser anzutreffen ist. Er bevorzugt flache Gewässer mit steinigen, sandigen bis schlammigen Boden.

Lebensweise:
Die Nahrung besteht hauptsächlich aus Insektenlarven (*Hexagenia, Chironomus, Sialis*), Würmern und anderen Bodenorganismen wie Muscheln, Schnecken und Krebsen (*Asellus*), seltener aus Fischen. Der Seestör wird bis zu 2,4 m lang, 140 kg schwer und über 95 Jahre alt, meist aber nur bis zu 1,5 m lang, 30 kg schwer und 40 Jahre alt.
Der Winter wird ziemlich inaktiv in tiefen, sauerstoffreichen Gewässerabschnitten verbracht. Im Frühjahr, nach der Schneeschmelze, wandern die Seestöre in Gruppen verschiedener Alters- und Größenklassen in kleinere Seitenflüsse (bis 400 km) oder flache Seegebiete, um zu laichen. Bei der Wanderung wird keine Nahrung aufgenommen. Markierungen haben gezeigt, daß die Fische in verschiedenen Jahren immer wieder die gleichen Laichplätze aufsuchen und auch wieder in die selben Gewässerabschnitte zurückkehren.
Die Geschlechtsreife wird bei den Männchen mit 12-22 Jahren und bei den Weibchen mit 14-27 Jahren mit einer Größe von 0,8-1,2 m und 4-9 kg erreicht. Die Männchen laichen im Abstand von 2-3 Jahren, die Weibchen alle 4-6 Jahre, wobei im Süden die Geschlechtsreife früher erlangt wird als im Norden, und die Intervalle kürzer sind. Die Laichzeit erstreckt sich von April bis Juni bei Wassertemperaturen von 12-19°C. Der Seestör laicht nahe der Wasseroberfläche, vorwiegend im seichten Wasser, in Ufernähe oder hinter Wasserfällen, über Kies oder Felsen in Gruppen von 2-3 Weibchen, wobei jedes Weibchen von 1-2 Männchen begleitet wird, die früher am Laichplatz erscheinen. Beim Laichen springen sie oft aus dem Wasser.
Die Eizahl beträgt 8000-12.000 Stück/kg Körpergewicht bei einem Durchmesser von 2,7-3,5 mm. Die Entwicklung dauert bei 15-18°C 5-7 Tage. Die ca. 8 mm großen frischgeschlüpften Larven sind nach weiteren 10-14 Tagen mit einer Größe von ca. 21 mm freßfähig.

Fischerei und Fischzucht:
Früher war der Seestör in Nordamerika von besonderer Bedeutung. Die Fischerei wurde mit Speeren und fast regelmäßig unter Beteiligung der gesamten Bevölkerung im Winter an Eislöchern ausgeübt.
Von Juni bis Oktober werden im Einzugsgebiet des St. Lorenzstroms jähr-

lich ca. 175 t mit Legangeln und Kiemennetzen (Maschenweite 200 mm) gefangen, wobei das Mindestmaß 80 cm beträgt. Die durchschnittlichen Werte betragen für die Größe ca. 90 cm, das Alter 12 Jahre und das Gewicht ca. 5 kg.

Der Seestör wird in Nordamerika seit einiger Zeit zur Bestandsunterstützung künstlich vermehrt. Laichreife Fische werden Ende April bis Anfang Mai bei einer Wassertemperatur von 12°C in verschiedenen Flüssen gefangen, abgestreift, oder die Eier werden ihnen unter Betäubung und mit einem 5-7 cm langen Schnitt entnommen. Die Wunde wird vernäht, und die Fische werden wieder zurückgesetzt. Die Eierbrütung erfolgt in MacDonald – Erbrütungsgläsern, die Anfütterung mit Nauplien von Salinenkrebschen und Zooplankton.

Acipenser gueldenstaedti Brandt, 1833, **Waxdick**, Russischer Stör

Beschreibung:
5-19 Rückenschilder, 23-50 Seitenschilder, 6-14 Bauchschilder, 15-30 Kiemenreusendornen
Die Schnauze ist kurz und stumpf und macht 3,5-7%, der Kopf 15-22% der Gesamtlänge aus. Die Weibchen haben eine etwas längere und stumpfere Schnauze als die Männchen. Die nicht gefransten Bartfäden stehen näher zur Schnauzenspitze als zum Maul. Das erste Rückenschild ist vom Hinterhaupt getrennt. Zwischen den Reihen der Rücken- und Seitenschilder befinden sich zahlreiche kleinere, sternförmige Knochenplättchen, die in länglichen Reihen parallel zu ihnen angesetzt sind.
Der Rücken ist graugrün bis blauschwarz, die Seiten sind graubraun, und der Bauch ist weißgrau oder gelblich gefärbt. Die Jungfische sind meist an der Oberseite graubraun und an der Unterseite zitronengelb.

Verbreitung:

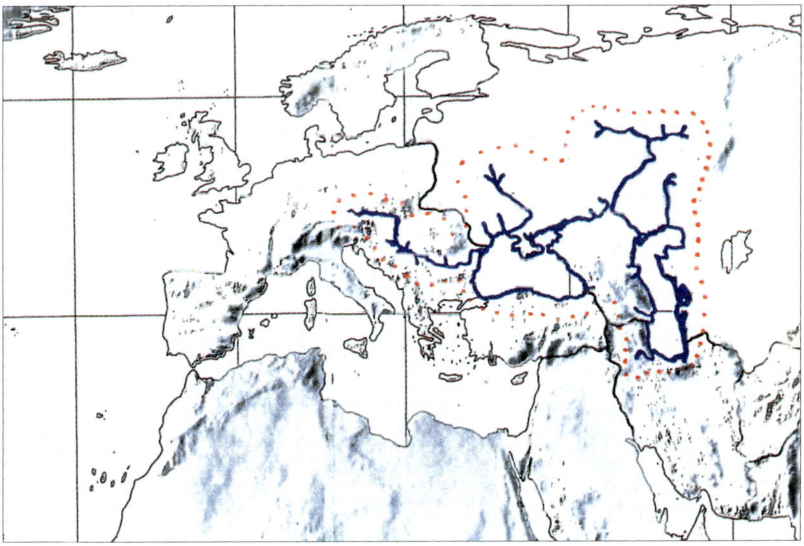

Verbreitungsgebiet des Waxdicks

Schwarzes Meer mit den Zuflüssen Dnjestr, Dnjepr und Donausystem. Früher besiedelte der Waxdick die Donau bis Regensburg sowie die Zuflüsse Save, Theiß, Drau und March. Weiters das Kaspische Meer mit allen größeren Zuflüssen wie Wolga, Ural und Kura und das Asowsche Meer mit Don und Kuban.

Eine Unterart des Waxdick, die auch schon als eigene Art (*Acipenser persicus* Borodin, 1897) beschrieben wurde, ist der Persische Stör, *Acipenser gueldenstaedti persicus* Borodin, 1897. Dieser kommt hauptsächlich im südlichen Kaspischen Meer mit den Flüssen Terek, Sulak, Gorgan und Sefid Rud vor. Auch lebt er teilweise zusammen mit der typischen Form und unterscheidet sich von dieser durch eine schmälere, längere und nach unten gebogene Schnauze sowie durch einen flacheren und längeren Kopf. Die antigenen Komponenten des Blutserum – Eiweißes (speziell Albumin und Gamma – Globulin) sind unterschiedlich von der typischen Form. Er bevorzugt auch etwas wärmeres Wasser und laicht bei 14-23°C.

Es haben sich in den einzelnen Meeren auch eigene Populationen gebildet, die sich durch die Höhe und Länge des Kopfes, Schnauzenbreite und die Anzahl der Rücken- und Seitenschilder voneinander unterscheiden. Eine dem Persischen Stör sehr ähnliche Form kommt im östlichen Schwarzen Meer vor und kann als dessen Rasse *Acipenser gueldenstaedti persicus* natio *colchicus* (Kaukasischer Stör) bezeichnet werden.

Früher kam in der Wolga und im Ural sowie in der Donau auch eine Süßwasserform vor, die nicht ins Meer wanderte, sondern ständig im Süßwasser verblieb und ihre Wanderungen ähnlich wie der Sterlet unternahm.

Mitte der sechziger Jahre wurde durch die UdSSR versucht, den Waxdick in der Ostsee (Bucht von Riga und Bucht von Finnland) einzubürgern – aber ohne Erfolg.

Lebensweise:

Die Nahrung besteht hauptsächlich aus Weichtieren (*Corbulomya, Abra, Cardium, Cerastoderma, Didacna, Hypanis, Mytilaster, Nassa*) und Würmern (*Nereis*), aber auch aus Krebsen (*Rhitropanopeus*) und kleinen Fischen (*Engraulis, Sprattus, Clupeonella, Benthophilus, Callionymus*).

Der Waxdick wird 2,3 m lang, 110 kg schwer und bis zu 50 Jahre alt. Der Großteil der Störe wandert im Frühjahr mit einer Geschwindigkeit von 15-20 km/Tag 100-300 km zu den Laichgebieten. Ein Teil wandert aber auch schon im Herbst bis zu 1200 km flußaufwärts, überwintert an tiefen Stellen, wobei bis zu 50% der Fettreserven aufgebraucht werden und laicht im kommenden Frühjahr. Ein geringerer Teil laicht im Mündungsbereich der Flüsse. Beim Persischen Stör in der Kura haben sich vier Formen gebildet, die sich durch den Zeitpunkt des Wanderns und der Laichzeit voneinander unterscheiden lassen. Die Geschlechtsreife wird bei den Männchen mit 8-13 Jahren und bei den Weibchen mit 10-16 Jahren erreicht, wobei die Mindestgröße 1-1,2 m und das Mindestgewicht 3-9 kg beträgt. Die Männchen laichen im Abstand von 2-3 Jahren und die Weibchen alle 4-6 Jahre. Die Hauptmasse der Laichfische ist bei den Männchen 11-18 Jahre alt und 130-150 cm lang, bei den Weibchen 14-23 Jahre alt und 150-170 cm lang.

Die Laichzeit erstreckt sich von April bis Juni bei Wassertemperaturen von 10-20°C. Nur in der Donau und in der Kura reicht sie von März bis Oktober. Der Waxdick laicht zumeist in den frühen Morgenstunden in der Flußmitte in einer Tiefe von 4-25 m bei einer Strömungsgeschwindigkeit von 1-1,5 m/sec. über steinigem bis schottrigem Grund mit Sand- oder Kiesablagerungen. In der Wolga wurden künstliche Laichplätze aus Schotter mit 5-10 cm Durchmesser in 2-12 m Tiefe angelegt, die sehr gut angenommen werden. Die abgelegte Eimenge schwankt zwischen 50 und 4000 Stück/m^2. Am Laichplatz werden die Eier oft von Schmerlen, Rotaugen, Brachsen und Sterlets gefressen, die Larven vor allem von Welsen und jungen Hausen. Die Eizahl beträgt im Durchschnitt 11.300 Stück/kg Körpergewicht. Der Eidurchmesser beträgt 2,8-3,8 mm und das Gewicht im Durchschnitt 21 mg. Die Eientwicklung dauert bei 18°C rund 100 Stunden. Die frischgeschlüpften Larven sind 10,5-12 mm und nach 10-12 Tagen bei 13-17°C ca. 20,5 mm lang und beginnen mit der aktiven Nahrungsaufnahme. Bei hohem Wasserstand driften rund 80% der Larven gleich ins Meer bzw. in den Mündungsbereich, bei Niedrigwasser bleiben sie oft bis zum Herbst in den Flüssen. Die Jungstöre im Meer halten sich vorzugsweise in einer Tiefe von 2-5 m über sandigem Boden auf. Die älteren wandern entlang der Küste in Tiefen von 2-100 m, wobei sie sich im Winter in tieferen Bereichen aufhalten.

Fischerei und Fischzucht:

Die jährlichen Störfänge im nördlichen Kaspischen Meer schwanken zwischen 3000 und 12.000 t, davon entfallen rund 40% auf den Waxdick. Im Asowschen Meer gibt es zwischen 200 und 450 t, wobei 35 bis 50% auf den Waxdick entfallen. Im Asowschen Meer sind die Fänge aufgrund von künstlichem Besatz in den letzten Jahren gleich geblieben. In Rußland wird in einigen Fischzuchten der Waxdick vermehrt. Dabei werden in den Flüssen die laichreifen Fische mit Zugnetzen gefangen und mit 0,5-2 mg Stör-

hypophysen/kg hypophysiert. Die Eier werden ihnen entnommen, die Brütlinge in Teichen vorgestreckt und wieder in die Flüsse ausgesetzt. Dabei hat sich gezeigt, daß sie bei einer Größe von 2-3 g, die in 1-1,5 Monaten erreicht werden muß, die besten Überlebenschancen haben. In der Wolga stammen bereits rund 24-28% der Gesamtpopulation aus der künstlichen Vermehrung.
Anfang der neunziger Jahre wurde der Waxdick wieder nach Deutschland, Österreich und Ungarn eingeführt. Er erreicht im Durchschnitt in der Teichwirtschaft in 6 Monaten 0,5 kg, in 12 Monaten 1,8 kg und in 18 Monaten 3 kg.

Waxdick, 2-3 kg, die sternförmigen Knochenplättchen zwischen den Schilderreihen sind gut erkennbar

Acipenser medirostris Ayres, 1854, **Grüner Stör**

Beschreibung:
7-11 Rückenschilder, 20-36 Seitenschilder, 6-10 Bauchschilder, 18-20 Kiemenreusendornen
Die Schnauze ist schmäler und länger als beim Weißen Stör, und die sehr fein gefransten Bartfäden stehen näher zum Maul als zur Schnauzenspitze. Die Unterlippe ist in der Mitte geteilt, die Oberlippe nicht eingebuchtet. Unterhalb der Rückenschilder ist eine Reihe größerer sternförmiger Knochenplatten sowie zahlreiche kleinere Knochenplättchen. Er ist vom Weißen Stör unter anderem durch weniger als 37 Seitenschilder zu unterscheiden. Die Oberseite ist von dunkel- bis olivgrüner Farbe und hat zwischen den Seiten- und Bauchschildern olivgrüne Streifen an jeder Seite. Die Unterseite ist gelblich gefärbt.

Verbreitung:

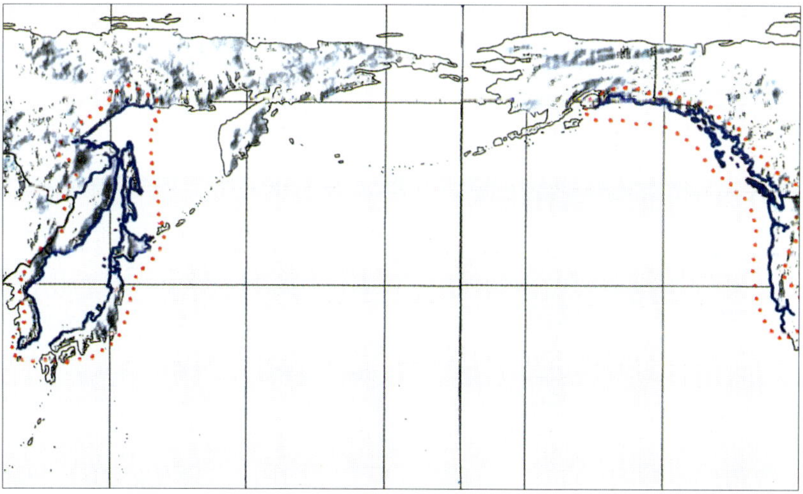

Verbreitungsgebiet des Grünen Störs

Der Grüne Stör kommt sowohl in Nordamerika als auch in Asien vor. Er besiedelt zusammen mit dem Weißen Stör die Pazifikküsten in Nordamerika vom Golf von Alaska bis Kalifornien und in Asien von Rußland und China (Tumnin und Koppi, Tym und Viakhtu, Suchan, Adzhemi und Amur) über Japan bis Korea.

Die asiatische Population gilt als Unterart, *Acipenser medirostris mikadoi* Hilgendorf, 1892 und unterscheidet sich dadurch, daß sie mehr Flossenstrahlen an der After- und Rückenflosse, und mehr Seitenschilder hat.

Lebensweise:
Die Nahrung besteht hauptsächlich aus Bodentieren aller Art, seltener aus Fischen.
Der Grüne Stör wird bis zu 2,5 m lang und 160 kg schwer, das Durchschnittsgewicht beträgt jedoch nur 8-40 kg.
Der Grüne Stör lebt im Pazifik und wandert bis zu 1000 km entlang der Küsten, er hält sich auch mehr im Salzwasser auf als der Weiße Stör. Die Geschlechtsreife wird bei den Männchen mit 8-10 Jahren und bei den Weibchen mit 10-12 Jahren bei einer Größe von ca. 1 m erreicht. Sie laichen im Abstand von 2-6 Jahren. Die laichreifen Fische halten sich im Herbst im Mündungsbereich (Delta) der großen Flüsse auf und wandern vom Herbst bis zum Winter flußaufwärts gewöhnlich nicht weiter als 100 km z.B. in den Fraser, Skeena oder Columbia River, überwintern dort und laichen vom kommenden Mai bis Juli im Flachwasserbereich bei Wassertemperaturen von 8-17°C (im Tumnin bei 10-12°C) über felsigem Grund bei starker Strömung. Die Eier haben einen Durchmesser von 3-4 mm.
Die Jungfische halten sich oft 3-5 Jahre in den Flüssen auf.

Grüner Stör der Asiatischen Population, 10-12 kg *Foto: Artyukhin*

Fischerei und Fischzucht:

Der Grüne Stör ist stark gefährdet und relativ selten, für die Fischerei ist er wirtschaftlich kaum von Bedeutung.

In Rußland besteht ein Erhaltungs- und Vermehrungsprojekt, bei dem seit Ende der achtziger Jahre im Tumnin laichreife Fische gefangen und hypophysiert werden. Die Eier werden entnommen und die Laichfische wieder lebend in die Flüsse zurückgesetzt. Unter künstlichen Bedingungen wird ein Laichfischbestand aus der Nachzucht gehalten.

Acipenser naccarii Bonaparte, 1836, **Adriastör**

Beschreibung:
9-21 Rückenschilder, 29-46 Seitenschilder, 8-13 Bauchschilder, 30-35 Kiemenreusendornen.
Die Kopflänge beträgt 20-22% der Gesamtlänge. Die Bartfäden stehen näher zur stumpfen, breiten Schnauzenspitze als zum Maul. Die äußeren Bartfäden sind etwas länger als die inneren. Das erste Rückenschild hängt mit dem Hinterhaupt zusammen. Die Seitenschilder sind doppelt so hoch wie breit und meist etwas heller als der Körperhintergrund. Zwischen den Reihen der Rücken- und Seitenschilder befinden sich zahlreiche kleine, rhombische Knochenplättchen.
Die Oberseite ist graubraun bis schwarz und die Unterseite weiß oder gelblich gefärbt. Die Jungfische sind hell- bis dunkelbraun gefleckt.

Verbreitung:

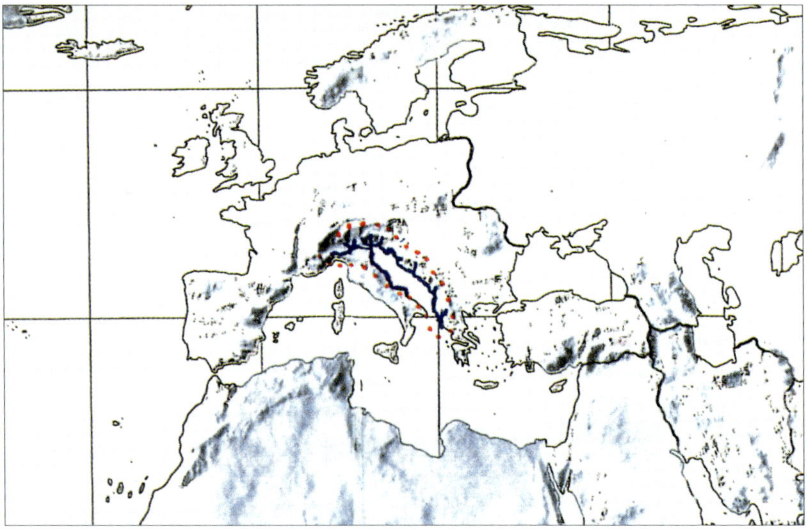

Verbreitungsgebiet des Adriastörs

Der Adriastör kommt ausschließlich an der nördlichen und östlichen Küste der Adria mit den Flüssen Po und dessen Zuflüssen sowie in Etsch, Brenta, Piave, Livenza, Tagliamento, Neretva und Drin vor.

Lebensweise:
Die Nahrung besteht aus wirbellosen Bodentieren und seltener auch aus kleinen Fischen.
Der Adriastör wird bis zu 2 m lang, 150 kg schwer und 50 Jahre alt. Er lebt im Küstenbereich der Adria und im Mündungsbereich der Flüsse. Hauptsächlich hält er sich in 10-40 m Tiefe meist über schlammigem bis sandigem Boden auf.
Die Geschlechtsreife wird bei den Männchen mit 6-8 Jahren und bei den Weibchen mit 8-12 Jahren mit einer Größe von 80-100 cm und einem Gewicht von 7-18 kg erreicht. Die Männchen laichen im Abstand von 1-2 Jahren und die Weibchen im Abstand von 2-4 Jahren.
Die laichreifen Fische wandern Anfang des Jahres in die Flüsse und verbleiben darin oft bis zum Herbst. Die Laichzeit erstreckt sich von März bis Mai. Die Eiablage findet in ruhigem Wasser des Uferbereichs, seltener auch im Brackwasser statt. Ca. 20% des Körpergewichts der Weibchen sind Rogen, die Eigröße beträgt 2,2-2,4 mm. Die Entwicklungszeit dauert bei 15°C 150-180 Stunden. Die frischgeschlüpften Larven sind 6,5 mm lang und nach weiteren 10-12 Tagen mit einer Größe von ca. 10 mm und einem Gewicht von ca. 12,5 mg freßfähig.

Fischerei und Fischzucht:
In den zwanziger Jahren betrug der Gesamtfang an Stören in der Nordadria jährlich etwas über 100 t, in den fünfziger Jahren nur noch 15 t und in den achtziger Jahren ca. 2 t.

Adriastöre, 3-4 kg; braungefleckte Jugendfärbung noch gut zu sehen

Seit Ende der achtziger Jahre besteht in Italien ein Erhaltungs- und Vermehrungsprojekt. Im Rahmen dieses Programms wurden Fische im Po gefangen und in einer Fischzucht in Fließkanälen gehalten. Die Laichfische werden vom Frühjahr bis zum Sommer je nach Wassertemperatur mit synthetischen Hormonen (35 Mikrogramm/kg) hypophysiert und abgestreift – dabei wird alle 2-4 Stunden gestreift, bis ein Großteil der Eier gewonnen ist.
Die Brütlinge werden in Becken mit Salinenkrebschen – Nauplien angefüttert, und ein Teil der Störe wird in die Flüsse ausgesetzt.
Der Adriastör ist relativ schlecht an Trockenfutter zu gewöhnen, nimmt er es jedoch an, wächst er unter Aquakulturbedingungen sehr gut ab. Er erreicht bei einer konstanten Wassertemperatur von 15°C im 1. Jahr 0,2-0,3 kg, im 2. Jahr 2-3 kg, im 3. Jahr 5-6 kg und im 4. Jahr 8-10 kg.

ACIPENSER NUDIVENTRIS Lovetsky, 1828, **GLATTDICK**, SCHIP

Beschreibung:
11-26 Rückenschilder, 35-74 Seitenschilder, 11-17 Bauchschilder, 24-45 Kiemenreusendornen
Die Kopflänge beträgt 19-22% der Gesamtlänge. Die Schnauze ist kegelförmig. Durch die dicke Unterlippe, welche in der Mitte nicht geteilt ist, ist er leicht von anderen Störarten zu unterscheiden. Die Bartfäden sind leicht gefranst. Der Glattdick hat wenige kleine Knochenplättchen zwischen den Schilderreihen, die Bauchschilder können mit zunehmendem Alter teilweise oder ganz verschwinden. Die größte Körperhöhe wird beim ersten Rückenschild erreicht. Das erste Rückenschild hängt mit dem Hinterhaupt zusammen und ist das größte.
Der Rücken ist graugrün bis braun, die Seiten sind heller, der Bauch ist gelblich bis weiß, und die Flossen sind grau gefärbt.

Verbreitung:

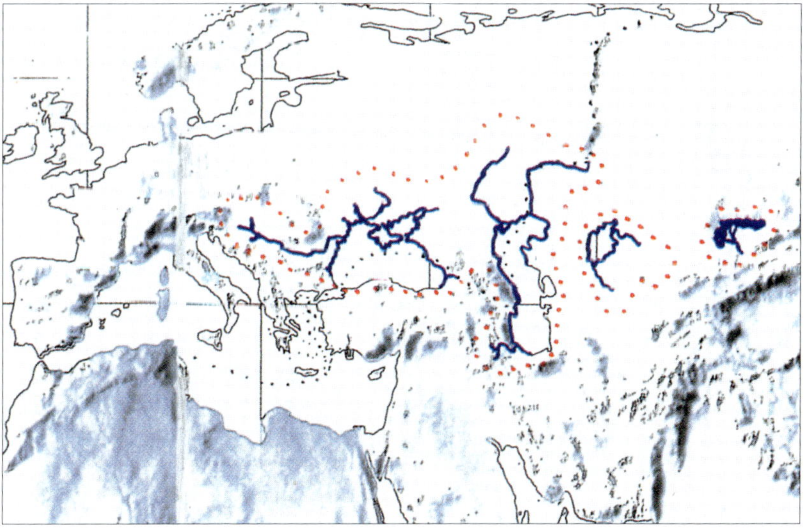

Verbreitungsgebiet des Glattdicks

Vom Schwarzen Meer mit Donausystem, Theiss, Save, Waag und Drau über das Asowsche Meer mit Don und Kuban, Kaspisches Meer mit Sefid Rud, Kura, Ural und Wolga bis zum Aralsee mit Amu-Darya und Syr-Darya.

Anfang der dreißiger Jahre wurde der Glattdick in den Balkhash See mit Erfolg eingebürgert, wo er sich fortpflanzt und für die Fischerei von Bedeutung ist.
Im Kaspischen Meer und im Aralsee haben sich eigene Populationen gebildet. In den mittleren Strecken des Urals und der Donau haben sich Süßwasserstämme erhalten, die nicht ins Meer wandern. Sie unternehmen ihre Laichwanderungen ähnlich wie der Sterlet innerhalb des Flußsystems.

Lebensweise:
Die Nahrung besteht hauptsächlich aus Molusken (*Adacna, Dreissena, Cardium, Monodacna*), Krabben (*Rhitropanopeus*) und kleinen Fischen (Grundeln und Schmerlen), in den Flüssen auch aus Insektenlarven.
Der Glattdick wird bis zu 2,2 m lang, 120 kg schwer und 36 Jahre alt.
Die Laichwanderungen werden vorwiegend im Frühjahr durchgeführt (in der Kura bis zu 600 km), einige wandern aber auch schon im Herbst in die Flüsse, überwintern an tiefen Stellen und laichen im darauffolgenden Frühjahr.
Die Hauptmasse der Weibchen ist 14-19 Jahre alt und ca.1,7 m lang und die der Männchen 10-15 Jahre alt und ca. 1,4 m lang.
Die Geschlechtsreife wird bei den Männchen mit 6-12 Jahren und bei den Weibchen mit 12-18 Jahren erreicht. Die Männchen werden alle 1-2 Jahre und die Weibchen alle 2-3 Jahre laichreif.
Die Laichzeit erstreckt sich von März bis Mai bei Wassertemperaturen von 10-20°C, die Eiablage erfolgt über schottrigem oder lehmigem Boden in der Flußmitte bei einer Strömung von 1-2 m/sec. Die Eimenge beträgt 10.000 – 20.000 Stück/kg Körpergewicht bzw. im Durchschnitt 400.000 bis 600.000 Stück pro Weibchen. Die Eier haben einen Durchmesser von 1,5-3 mm und sind 11-14 mg schwer. Die Eientwicklung dauert bei 12°C 152 Stunden und bei 17°C 102 Stunden.
Die Jungstöre bleiben oft 2-8 Jahre im Süßwasser und wandern anschließend ins Meer- bzw. Brackwasser. Im Meer kommem sie meist in Tiefen bis zu 50 m über schlammigem Grund vor.

Fischerei und Fischzucht:
Rund 1% der Gesamtfänge im Kaspischen Meer entfallen auf den Glattdick. Er wird in Rußland künstlich vermehrt. Seit Ende der sechziger Jahre werden jährlich zwischen 3 und 6 Millionen Jungfische ins Kaspische Meer ausgesetzt.

Acipenser oxyrhynchus Mitchill, 1814, **Atlantischer Stör**, Schwarzer Stör

Beschreibung:
7-16 Rückenschilder, 24-35 Seitenschilder, 8-14 Bauchschilder, 15-27 Kiemenreusendornen
Die Schnauze ist lang und breit, sie beträgt im Durchschnitt ca. 8,1% der Gesamtlänge. Die Bartfäden stehen meist näher zum Maul als zur Schnauzenspitze. Zwischen Bauch- und Afterflosse befinden sich einige Knochenplatten in zwei und mehr Reihen. Die Fulcra der Schwanzflosse ist länger als der Ansatz der Afterflosse.
Die Oberseite ist braunschwarz und die Unterseite weiß bis rötlich gefleckt.

Verbreitung:

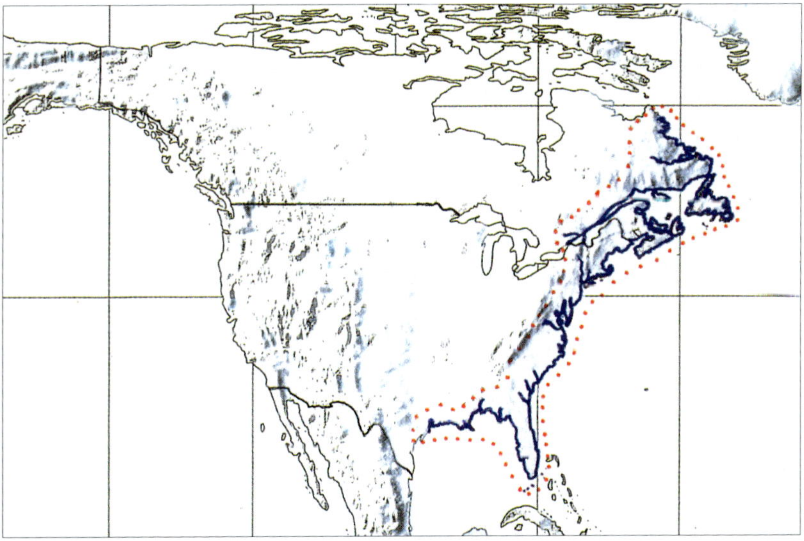

Verbreitungsgebiet des Atlantischen Störs

Das Verbreitungsgebiet erstreckt sich entlang der Atlantikküste Nordamerikas vom George River und St. Lorenzstrom im Norden über Hudson, Delaware, Kennebec, Santee, Cooper, Edisto, Combahee, Coosa, Annapolis, Avon, Saint John River, Savannah und Apalachicola bis zum Golf von Mexiko mit Suwannee River und Mississippi Delta im Süden.
Der Atlantische Stör wird in zwei Unterarten eingeteilt: die typische Form

nördlich von Florida, *Acipenser oxyrhynchus oxyrhynchus*, und die Unterart im Golf von Mexiko vom Mississippi Delta bis zum Suwannee River vorkommend, *Acipenser oxyrhynchus desotoi* Vladykov 1955, auch Mexiko Stör genannt, die sich durch ein geringeres Wachstum, einen größeren und längeren Kopf und hellere Knochenplatten von der typischen Population unterscheidet.

Lebensweise:
Die Nahrung besteht aus Insektenlarven, Würmern (*Limnodrilus*), Muscheln, Schnecken, Krebsen und kleinen Fischen (*Ammodytes*).
Der Atlantische Stör wird bis zu 5,3 m lang, 370 kg schwer und 60 Jahre alt.
Die Geschlechtsreife wird bei den Männchen im St. Lorenzstrom mit 22-24 Jahren, im Hudson River mit 11-20 Jahren, und im Suwannee River mit 7-9 Jahren bei einer Größe von 1,2-1,8 m erreicht. Bei den Weibchen im St. Lorenzstrom wird sie mit 27-28 Jahren, im Hudson River mit 20-30 Jahren, und im Suwannee mit 9-15 Jahren bei einer Größe von 1,8-2,4 m erreicht. Die Männchen laichen alle 1-4, und die Weibchen alle 3-5 Jahre.
Zur Laichzeit, die sich von Februar bis Juli erstreckt (je nach Verbreitungsgebiet – im Süden früher als im Norden), wandern sie mit einer Geschwindigkeit von ca. 5 km/Tag bis zu 1500 km flußaufwärts. Bei einer Wassertemperatur von 13-18°C laichen sie über hartem, lehmigem Grund in einer Tiefe von 10-13 m oder hinter Wasserfällen bei einer Strömung von 0,5 bis 0,8 m/sec. Einige Störe laichen auch im Brackwasserbereich. Die Eier haben einen Durchmesser von 2,5-3 mm, die Larven schlüpfen bei einer Wassertemperatur von 16-19°C in 120-140 Stunden. Die frischgeschlüpften Larven sind 8-11 mm lang und ca. 10 mg schwer, nach weiteren 9-11 Tagen sind sie freßfähig.
Die Jungfische bleiben meist 3-6 Jahre im Süßwasser und wandern anschließend ins Meer bzw. Brackwasser. Die Elterntiere wandern vom Sommer bis zum Herbst ins Meerwasser zurück.

Fischerei und Fischzucht:
An der Südostküste Nordamerikas, von Virginia bis Florida, werden jährlich ca. 70 t gefangen. Seit jüngster Zeit bestehen aber strenge Fischereiregulierungen. Vom 17. bis zum 19. Jahrhundert wurde eingelegtes Störfleisch und Kaviar von Kanada nach Europa verschifft.
Seit Ende der siebziger Jahre besteht ein Erhaltungs- und Vermehrungs-

programm. Für die künstliche Vermehrung werden die wandernden Laichfische von März bis April mit verankerten Kiemennetzen (Maschenweite 150-180 mm) gefangen und in Teichen oder Becken in kleinen Gruppen gehalten. Nach einer Hypophysierung mit Störhypophysen (die Weibchen mit 1,5-2 mg/kg, und die Männchen alle 1-3 Tage mit 0,5 mg/kg Körpergewicht) werden den Weibchen, (nach 27-32 Stunden bei 17°C) die Eier entnommen, die Männchen werden öfter (manchmal bis zu vier Wochen) zur Spermaentnahme verwendet.
Markierungsversuche mit ca. 2600 Stück haben ergeben, daß sie meist nur im Winter im Meer wachsen, von Juni bis November halten sie sich in den Flüssen auf.
Der Atlantische Stör ist im Washingtoner Artenschutzabkommen im Anhang II der gefährdeten Tiere angeführt.

Acipenser ruthenus Linnaeus, 1758, **Sterlet**, Stierl

Beschreibung:
11-18 Rückenschilder, 56-71 Seitenschilder, 10-20 Bauchschilder, 11-27 Kiemenreusendornen
Die Schnauze ist meist spitz und lang, kann aber auch kurz und rund sein. Die Bartfäden sind stark gefranst, die Unterlippe ist in der Mitte geteilt und die Oberlippe nicht eingebuchtet. Das erste Rückenschild hängt mit dem Hinterhaupt zusammen.
Die Oberseite ist dunkelbraun bis grau und die Unterseite rötlich- weiß bis gelblich gefärbt. Die Knochenplatten sind schmutzig weiß.

Verbreitung:

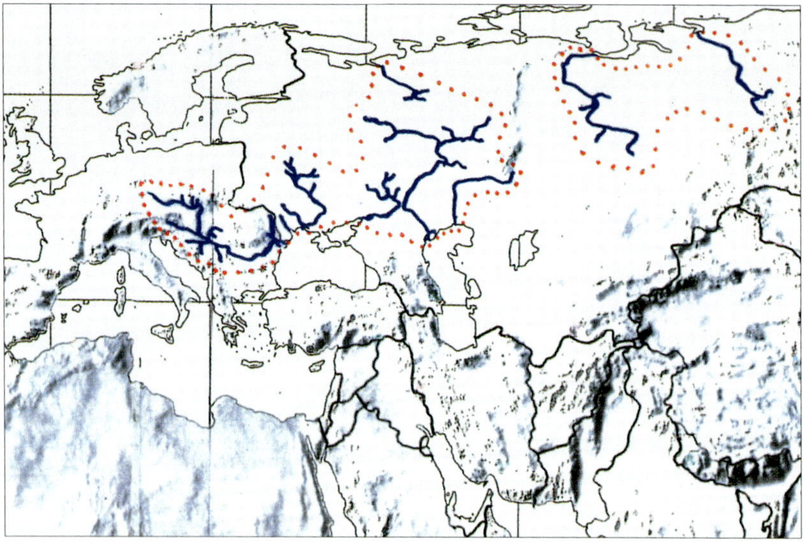

Verbreitungsgebiet des Sterlets

Der Sterlet ist ein reiner Süßwasserstör, der nur sehr selten im Brackwasser anzutreffen ist. Er kommt in Flüssen vor, die ins Kaspische, Asowsche und Schwarze Meer sowie ins Weiße Meer und die Karasee fließen. Er besiedelt unter anderem folgende Flußsysteme: Ural und Wolga, Don und Kuban, Dnjestr, Dnjepr und die Donau bis Ulm sowie unter anderem deren Zuflüsse Alt, Morava, Save, Theiß, Drau, Raab, Inn, Salzach und Isar.

Im Norden kommt er unter anderem im Jenissej, Irtysh, Ob und Dwina vor. Diese Population gilt als eigene und wurde auch schon als Unterart (*Acipenser ruthenus marsiglii* Men'shikov, 1937) beschrieben.
Zahlreiche Versuche, den Sterlet einzubürgern (z.B. in der Oder), schlugen fehl. Die einzige erfolgreiche Einbürgerung gelang mit Sterlets aus der Dwina im Pechora Fluß.

Lebensweise:
Die Nahrung besteht aus verschiedenen Bodentieren wie Insektenlarven (*Chironomus, Simulium*), Krebsen, Würmern und Weichtieren (*Sphaerium, Pisidium, Viviparus*), aber auch aus Zooplankton und während der Laichzeit anderer Fische auch aus deren Eiern.
Der Sterlet wird bis zu 1,2 m lang, 16 kg schwer und 27 Jahre alt, gewöhnlich jedoch nur 2-3 kg schwer und 12-15 Jahre alt.
Die Hauptmasse der Sterletpopulation bilden 4-7 Jahre alte Fische.
Die Geschlechtsreife wird bei den Männchen mit 3-5 Jahren und bei den Weibchen mit 5-8 Jahren bei einer Größe von 30-45 cm erreicht. Die Männchen laichen jedes Jahr, die Weibchen alle 1-2 Jahre. Zur Laichzeit wandern die Sterlets flußaufwärts, bei Hochwasser weiter hinauf als bei Niedrigwasser. Die Männchen erscheinen vor den Weibchen am Laichplatz und bleiben auch länger. Die Weibchen haben eine etwas längere und dünnere Schnauze.
Die Laichzeit erstreckt sich von April bis Juni bei einer Wassertemperatur von 10-17°C. Die Eiablage erfolgt bei Hochwasser – vorwiegend über Schotter mit 1-7 cm Durchmesser in einer Tiefe von 2-15 m in der Flußmitte oder an Hochwasserkanten bei einer Strömungsgeschwindigkeit von 1,5-5 m/sec.
Die Eimenge beträgt 20.000-30.000 Stück/kg Körpergewicht bei einem Durchmesser von 1,8-2,8 mm und einem Gewicht von 8-9 mg.
Die Eientwicklung dauert bei einer Wassertemperatur von 13°C 4-5 Tage, die frischgeschlüpften Larven sind 6-7 mm lang und nach 6-10 Tagen freßfähig. Die Elterntiere wandern nach dem Laichen wieder flußabwärts, um in Buchten und Altwässern zu fressen.
Der Winter wird in größeren Gruppen ziemlich inaktiv an tiefen Stellen des Flußbettes verbracht.

Fischerei und Fischzucht:
Die Fischerei wird mit unterschiedlichen Netzen und Reusen ausgeübt. Das Hauptfanggebiet ist das Donausystem (ca. 50 t/Jahr).
In Rußland wurde 1869 mit dem Sterlet die künstliche Störzucht begonnen. Der Sterlet wird gerne zur Kreuzung mit anderen Störarten verwendet, z.B.: Bester, Sibster, Oster.
In Ungarn, Deutschland und Österreich wird der Sterlet für die Erhaltung und Wiedereinbürgerung künstlich vermehrt. Es wurden bereits gute Erfolge in der Donau, Drau und Isar erzielt.
Der Sterlet läßt sich gut in der Teichwirtschaft halten und wächst im 1. Jahr auf 50 g, im 2. Jahr auf 300 g und im 3. Jahr auf 1 kg ab. Unter teichwirtschaftlichen Bedingungen wird der Sterlet mit 3-4 Jahren geschlechtsreif.

Sibirischer Stör (Lena), unterhalb Albino Sterlets

Acipenser schrencki Brandt, 1869, **Amurstör**

Beschreibung:
11-17 Rückenschilder, 32-47 Seitenschilder,
36-45 Kiemenreusendornen
Die Schnauze ist kegelförmig und spitz, die fein gefransten Bartfäden stehen meist zwischen Maul und Schnauzenspitze. Die Unterlippe ist in der Mitte geteilt und die Oberlippe leicht eingebuchtet. Einige kleine, sternförmige Knochenplättchen befinden sich zwischen den Schilderreihen.

Verbreitung:

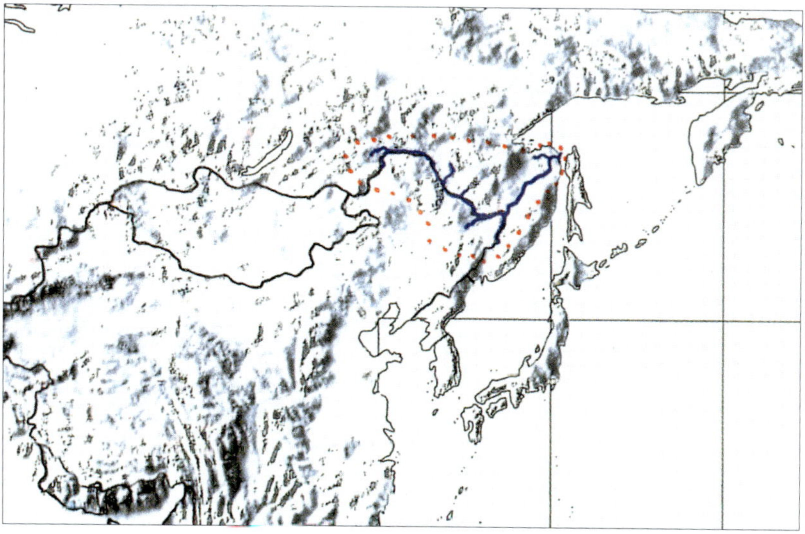

Verbreitungsgebiet des Amurstörs

Diese Störart kommt nur im Süßwasser des Amur – Flußsystems mit Ussuri, Argun und Shilka sowie im Schanka See in Asien vor und ist sehr selten auch im Ochotskischen Meer anzutreffen.

Lebensweise:
Die Nahrung besteht aus Insektenlarven (*Chironomus*), Krebsen und kleinen Fischen (Neunaugen und Gründlinge).
Der Amurstör wird bis zu 3 m lang und 200 kg schwer, im Durchschnitt jedoch nur 1 m lang und 4-6 kg schwer.

Die Geschlechtsreife wird bei den Männchen mit 9-10 Jahren und bei den Weibchen mit 13-17 Jahren bei einer Größe von 1-1,2 m und einem Gewicht von 4-6 kg erreicht. Der Amurstör laicht im Abstand von mehreren Jahren.
Die Laichzeit erstreckt sich von Mai bis Juni. Er laicht in den oberen Flußbereichen zusammen mit dem Sibirischen Hausen. Dabei werden dieselben Laichplätze verwendet. Der Amurstör kreuzt sich auch mit dem Sibirischen Hausen.
Die Eizahl schwankt je nach Größe des Weibchens zwischen 30.000 und 400.000 Stück. Die Eier werden über Geröll bis hin zum Sand abgelegt. Die Larven driften mit der Strömung weiter flußabwärts. Die Überwinterung erfolgt an tiefen Stellen des Flußbettes.

Fischerei und Fischzucht:
Der Amurstör hat in China einen hohen Stellenwert. Jährlich werden ca. 20 t Kaviar gewonnen. Der Fang erfolgt hauptsächlich mit Schwimm- und Zugnetzen sowie Fangleinen.
Diese Störart ist bereits stark überfischt, und seit Ende der achtziger Jahre besteht ein Vermehrungs- und Erhaltungsprojekt. Der Laichfischfang wird mit driftenden Netzen im mittleren Flußabschnitt durchgeführt. Die Laichfische werden hypophysiert und die Eier mit gutem Erfolg auf Sieben erbrütet. Die Befruchtungsrate liegt bei über 70% und die Schlupfrate bei 75%.
Die Aufzucht erfolgt in Teichen und Becken mit einer durchschnittlichen Überlebensrate von 65% in den Becken und 31% in den Teichen.
Von 1988 bis 1992 wurden über 1.000.000 junge Störe in verschiedenen Größen in den Amur ausgesetzt.

Acipenser sinensis Gray, 1834, **Chinesischer Stör**

Beschreibung:
12 – 14 Rückenschilder, 14 – 28 Seitenschilder
Die Schnauze ist kurz und stumpf, die Haut zwischen den Schilderreihen glatt.

Verbreitung:

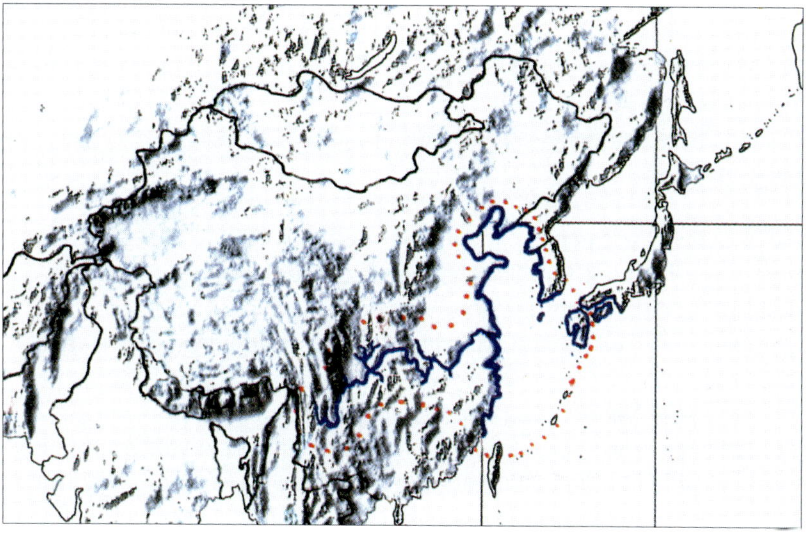

Verbreitungsgebiet des Chinesischen Störs

Der Chinesische Stör kommt im Gelben und Chinesischen Meer, an der Ostküste Asiens, im Jangtsekiang mit dem Jinsha Jiang und Min Jiang sowie im Pearl Fluß vor.
Im Pearl Fluß hat sich eine eigene Population entwickelt, welche sich durch die Form der Schnauze, des Kopfes, der Kiemenreusen sowie der Schwanzflosse und der Seiten- und Rückenschilder unterscheidet.

Lebensweise:
Die Nahrung besteht aus Insektenlarven und anderen Bodentieren. Der Chinesische Stör wird über 4 m lang, über 550 kg schwer und 50 Jahre alt.
Die Geschlechtsreife wird bei den Männchen mit 9-18 Jahren und bei den

Weibchen mit 14-26 Jahren erreicht. Sie laichen im Abstand von mehreren Jahren.
Die Hauptgruppe der Männchen ist 1,7-2,3 m lang, 60-120 kg schwer und 10-16 Jahre alt, die der Weibchen ist 2,2-3,0 m lang, 150-280 kg schwer und 14-26 Jahre alt.
Der Chinesische Stör wandert von Juni bis Juli in die Flüsse und laicht von Oktober bis November bei einer Wassertemperatur von 17-20°C über Schotter mit einem Durchmesser von 3-10 cm in einer Tiefe von 8-26 m und bei einer Strömungsgeschwindigkeit von 1-3 m/sec. Einige wandern auch im Herbst in die Flüsse und laichen im darauffolgenden Jahr.
Der Eidurchmesser beträgt 3,7-4,9 mm, die Larven schlüpfen bei 16,5-18°C nach 110-130 Stunden.
Die Jungstöre wandern von März bis Mai des darauffolgenden Jahres ins Meer bzw. Delta.

Fischerei und Fischzucht:
Der Fang erfolgt mit 50-100 m langen Legleinen, welche 200-400 Haken besitzen, in denen sich die Störe verfangen. Jährlich werden 60-75 t gefangen. Durch die Fischerei im Delta ist der Jungfischbestand stark gefährdet.
Die künstliche Vermehrung zur Bestandsunterstützung wird seit Anfang der achtziger Jahre durchgeführt. Die laichreifen Fische werden im Jangtsekiang gefangen und vermehrt, die Brütlinge in Becken mit Naturfutter aufgezogen, und ca. 300.000 Jungstöre werden jedes Jahr in den Fluß ausgesetzt.
Der Chinesische Stör wächst bei einer Wassertemperatur von 21-22,5°C in 2 Monaten auf ein Gewicht von 180-280 g und eine Länge von 18-22 cm.

ACIPENSER STELLATUS Pallas, 1771, **STERNHAUSEN**, Scherg

Beschreibung:
9-16 Rückenschilder, 26-43 Seitenschilder, 9-14 Bauchschilder, 24-29 Kiemenreusendornen
Lange, schmale, flache, etwas nach oben gebogene Schnauze, die meist mehr als 60% der Kopflänge bildet. Die Bartfäden sind kurz, nicht gefranst und stehen näher zum Maul als zur Schnauzenspitze. Der Körper ist langgestreckt und spindelförmig. Zwischen den Reihen der Rücken- und Seitenschilder befinden sich zahlreiche sternförmige Knochenplättchen in länglichen Reihen. Das erste Rückenschild ist vom Hinterhaupt getrennt. Der Rücken ist rotbraun bis blauschwarz, die Seiten sind meist gelblich, der Bauch ist heller gefärbt. Die Knochenplatten sind schmutzig weiß.

Verbreitung:

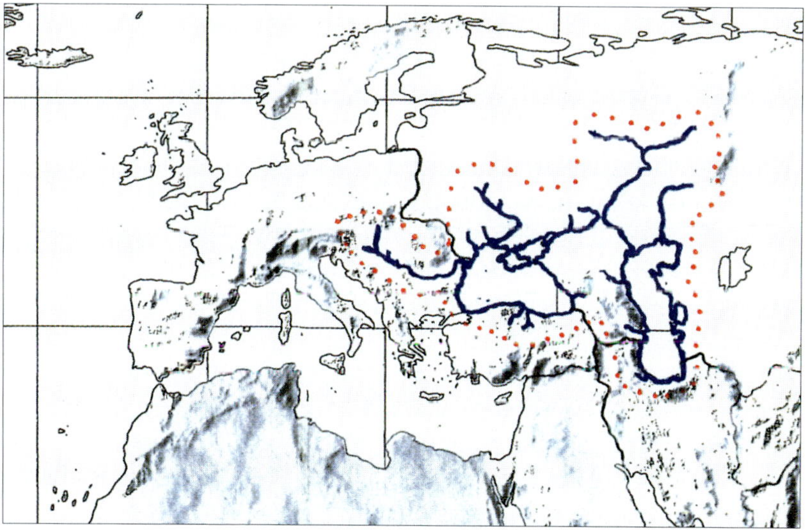

Verbreitungsgebiet des Sternhausens

Im Kaspischen Meer mit den Zuflüssen Wolga, Ural, Terek, Sulak, Kura, Sefid Rud und Gorgan. Im Asowschen Meer mit Don und Kuban und im Schwarzen Meer mit Bug, Dnjestr, Dnjepr, Rioni und im Donausystem mit den Zuflüssen Alt, Save, Drau und bis in die Isar.
Im Kaspischen Meer haben sich zwei Populationen gebildet: Eine im Nor-

den, teilweise sogar in den verschiedenen Flüssen, und eine im Süden. Sie unterscheiden sich durch die Anzahl der Knochenplatten und durch die Schnauzenlänge.
Mitte der dreißiger Jahre wurde der Sternhausen mit mäßigem Erfolg im Aralsee eingebürgert, dabei wurden zahlreiche Parasiten mit eingeschleppt.

Lebensweise:
Die Nahrung besteht hauptsächlich aus Würmern (*Hypania, Mellina, Nereis*), Krebsen (*Rhitropanopeus, Ampelisca, Mysis, Crangon*), aber auch aus Weichtieren (*Mytilaster, Abra, Corbulomya*), Insektenlarven (*Chironomus*) und gelegentlich Fischen (*Caspialosa, Clupeonella, Engraulis, Gobius*). Die tägliche Nahrungsmenge macht 1,5-4% des Körpergewichts aus.
Der Sternhausen wird bis zu 2,2 m lang, 68 kg schwer und 35 Jahre alt, meistens jedoch nur bis zu 1,5-1,8 m lang und 15-20 kg schwer.
Die Hauptgruppe der Männchen ist 9-14 Jahre alt und 115-120 cm lang, die der Weibchen ist 11-15 Jahre alt und 150-180 cm lang.
Die Geschlechtsreife wird bei den Männchen mit 6-12 Jahren und bei den Weibchen mit 8-14 Jahren erreicht. Die Männchen laichen alle 2-3 Jahre und die Weibchen alle 3-4 Jahre.
Ein Teil der Fische wandert von August bis Oktober in die Flüsse, überwintert dort und laicht im darauffolgenden Jahr. Der Großteil zieht jedoch von April bis Juni (bis zu 17 km/Tag) flußaufwärts. Dabei wandern sie in Gruppen – die kleineren entlang des Ufers und die größeren in Flußmitte. Die Männchen erscheinen früher am Laichplatz als die Weibchen und haben eine etwas längere Schnauze. Einige laichen auch im Brackwasserbereich (Mündung) der Flüsse. Die Laichzeit erstreckt sich von April bis September bei einer Wassertemperatur von 15-25°C, im Süden beginnt sie früher als im Norden. Die Eiablage erfolgt bei geringen Wasserstandsschwankungen in einer Tiefe von 1-15 m und einer Strömungsgeschwindigkeit von 1,2-1,5 m/sec über Schotterbänken. An der Wolga und im Kuban wurden künstliche Laichplätze aus Kies und Schotter mit einem Durchmesser von 3-10 cm errichtet, die sehr gut angenommen werden.
Die Eimenge beträgt im Durchschnitt 150.000-300.000 Stück pro Weibchen, die Eier haben einen Durchmesser von 2,7-3,2 mm und ein Gewicht von 10-14 mg. Die Entwicklungsdauer der Eier beträgt bei 16-23°C 68-130 Stunden.
Die Eier werden teilweise von Grundeln, Brachsen und von Sterlets gefres-

sen, die Larven von Welsen und Zandern. Die Männchen halten sich durchschnittlich 1 Monat und die Weibchen 10-12 Tage am Laichplatz auf. Bei der Abwärtswanderung werden 70-80 km/Tag zurückgelegt. Die Jungfische wandern je nach Nahrungsangebot und Wasserstand, am häufigsten mit einer Größe von 1-7 g, in den Mündungsbereich. Der Winter wird meist über sandigem oder lehmigem Boden in den tieferen Regionen der Meere verbracht und der Sommer in den oberen Wasserschichten in einer Tiefe von 3-100 m.

Fischerei und Fischzucht:
Die Fischerei erfolgt mit verschiedenen Netzen, Fangleinen u.a.m. Am Kaspischen Meer werden jährlich 10.000-13.000 t gefangen, wobei 7000-10.000 t dem Ural entstammen. Im Asowschen Meer sind 50-60% der Gesamtstörfänge Sternhausen, wobei ein Großteil der Fänge aus dem Kuban stammt. In der Donau werden jährlich ca. 7 t gefangen.
Vom Sternhausen stammt der Sevryuga Kaviar.
Die künstliche Vermehrung erfolgt an allen drei Meeren zur Bestandsunterstützung. Hypophysiert wird mit GnRHa ca. 1 Mikrogramm/kg oder mit Störhypophysen ca. 3 mg/kg.
Die Brütlinge werden in Teichen auf 1-3 g vorgestreckt und in den Flüssen ausgesetzt.

Sternhausen aus der Wolga, ca. 10 kg *Foto: Zauner*

Acipenser sturio Linnaeus, 1758, **Gemeiner Stör**, Baltischer Stör

Beschreibung:
9-16 Rückenschilder, 24-40 Seitenschilder, 8-14 Bauchschilder, 15-29 Kiemenreusendornen
Die Schnauze ist breit, lang und leicht nach oben gebogen, ihre Länge beträgt 32-65% der Kopflänge bzw. im Durchschnitt ca. 7,2% der Gesamtlänge. Die Bartfäden stehen meist zwischen Maul und Schnauzenspitze. Die dicke, wulstige Oberlippe ist leicht eingebuchtet, die Unterlippe geteilt. Zwischen den Reihen der Rücken- und Seitenschilder befinden sich zahlreiche kleine, rhombische Knochenplättchen. Das erste Rückenschild hängt mit dem Hinterhaupt zusammen.
Die Oberseite ist blauschwarz bis goldgrün, die Unterseite silberweiß bis gelblich gefärbt.

Verbreitung:

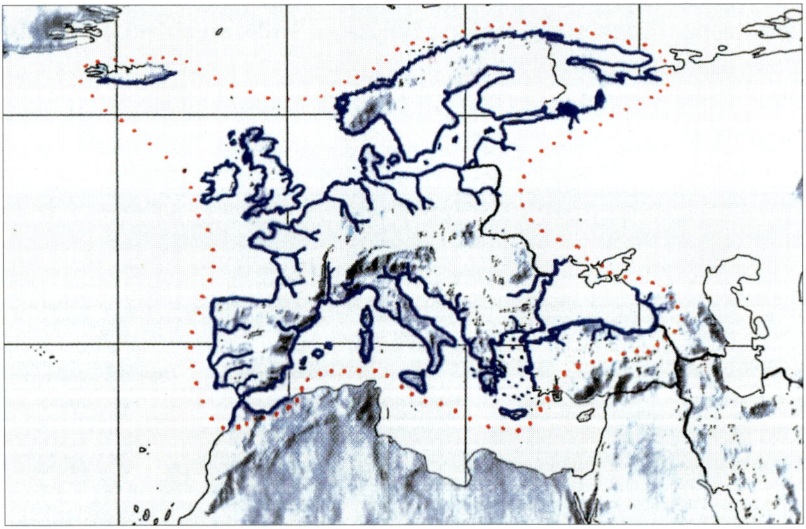

Verbreitungsgebiet des Gemeinen Störs

Der Gemeine Stör ist die einzige in ganz Europa vorkommende Störart. Früher besiedelte er die Küstengewässer Europas sowie alle größeren Flüsse: die Ostsee mit den Flüssen Weichsel und die Oder mit Wartha. Die Nordsee besiedelte er mit den Flüssen Eider, Elbe mit Havel bis Potsdam,

Saale und Moldau bis Prag sowie die Oste, die Weser bis zur Mündung von Werra und Fulda, die Ems, den Rhein bis Basel mit den Zuflüssen Lippe, die Mosel bis Toul, den Main bis Schweinfurt und den Neckar bis Heilbronn, die Maas bis Liege, die Schelde bis Gent sowie die Themse, Trent, Severn und die Seine bis Paris mit der Marne. Den Atlantik mit den Flüssen Loire, Gironde mit Garonne und Dordogne, Adour, Douro, Guadalquivir. Das Mittelmeer besiedelte er mit den Flüssen Juca, Ebro, Rhone mit Saone und Doubs und dem Tiber. In der Adria kam er in den Zuflüssen Po, Isonzo, Neretva, Drin, Pinios, Struma und Meric – und im Schwarzen Meer mit der Donau, Rioni, Yesil Irmak und Kizil Irmak vor.
Die Population der Ostsee unterscheidet sich von den übrigen dadurch, daß sie im Durchschnitt weniger Rücken- und Seitenschilder hat. Im Ladoga- und Onegasee in Rußland gibt es eine eigene Population, die nur im Süßwasser vorkommt.

Lebensweise:
Die Nahrung besteht hauptsächlich aus Würmern (*Tubifex, Nephthys, Stylaroides*), Weichtieren, Krebsen (*Mysis, Gammaracanthus, Pontoporeia, Echinogammarus, Crangon, Carcinus*) und kleinen Fischen (*Ammodytes, Engraulis*).
Der Gemeine Stör wird bis zu 6 m lang, 600 kg schwer und 60 Jahre alt. Die Hauptgruppe wird jedoch nur 1-2 m lang und 10-50 kg schwer.
Die Geschlechtsreife wird je nach Verbreitungsgebiet (im Süden früher als im Norden) bei den Männchen mit 9-13 Jahren und einer Größe von 1-1,3 m, bei den Weibchen mit 11-18 Jahren und einer Größe von 1,2-1,5 m erreicht. Die Männchen laichen jedes Jahr und die Weibchen alle 2 Jahre.
Ein Teil der Störe wandert von August bis Oktober in die Flusse, überwintert dort und laicht im kommenden Frühjahr, der andere Teil wandert im Frühjahr, vorwiegend bei Hochwasser, flußaufwärts. Dabei wandern die Männchen zumeist 2-3 Wochen vor den Weibchen. Die Wanderung erfolgt in der Flußmitte in einer Tiefe von 2-8 m, dabei können sie auch wie Lachse über Stromschnellen springen.
Die Laichzeit erstreckt sich je nach Verbreitungsgebiet von April bis Juli bei einer Wassertemperatur von 7-22°C, im Süden beginnt sie allgemein früher als im Norden.
Die Laichabgabe erfolgt überwiegend in Gruppen von einem Weibchen und mehreren Männchen über kiesigem bis schottrigem Grund in tiefen Becken oder bei Zuflüssen bei einer Strömungsgeschwindigkeit von

1,5-2 m/sec. Beim Laichen drängen (reiben) sich die Männchen oft gewaltsam an das Weibchen.
Die Eimenge beträgt je nach Größe und Verbreitungsgebiet zwischen 12.000 und 34.000 Stück pro kg Körpergewicht. Die Eier haben einen Durchmesser von 2,6-3,0 mm und entwickeln sich bei 7-22°C in 3-14 Tagen, nach weiteren 11-14 Tagen sind die Larven mit einer Größe von 16-18 mm freßfähig.
Die Elterntiere wandern nach dem Laichen bald wieder ins Meer bzw. Brackwasser zurück. Die Jungstöre bleiben gerne in der Nähe der Laichplätze und wandern im Alter von 2-4 Jahren ins Meer. Auch später wandern sie oft zwischen Mündungsbereich und Meer hin und her, wobei sie sich im Winter im Meer aufhalten.
In der Gironde wurden ca. 1800 Stück Wildfische markiert, einige wanderten bis in die Nordsee.

Fischerei und Fischzucht:
Ende des letzten bis Anfang dieses Jahrhunderts wurden in der Nord- und Ostsee jeweils ca. 100-200 t/Jahr gefangen. Heute ist der Gemeine Stör die am meisten gefährdete Störart in Europa und bereits sehr selten. An der Er-

Gemeiner Stör aus der Elbe, 8-10 kg

haltung und Wiedereinbürgerung besteht internationales Interesse. In Rußland, Spanien, Frankreich, Deutschland und Holland ist man um die künstliche Vermehrung und Wiedereinbürgerung bemüht. 1994 wurde ein Verein zur Rettung des Gemeinen Störs gegründet (siehe Anhang), und Mitte der neunziger Jahre ist in Frankreich erstmals die erfolgreiche künstliche Vermehrung und Aufzucht gelungen.
Der Gemeine Stör ist im Washingtoner Artenschutzabkommen im Anhang I unter den stark gefährdeten Tieren eingeordnet.

ACIPENSER TRANSMONTANUS Richardson, 1836,
WEISSER STÖR, PAZIFISCHER STÖR

Beschreibung:
11-14 Rückenschilder, 38-48 Seitenschilder, 9-12 Bauchschilder, 34-36 Kiemenreusendornen
Die Schnauze ist kurz, breit und stumpf, die Bartfäden stehen näher zur Schnauzenspitze als zum Maul. Zwischen den Reihen der Rücken- und Seitenschilder befinden sich zahlreiche kleine, sternförmige Knochenplättchen. Das erste Rückenschild hängt mit dem Hinterhaupt zusammen.
Die Oberseite ist graubraun bis schwarz, die Unterseite weiß gefärbt.

Verbreitung:

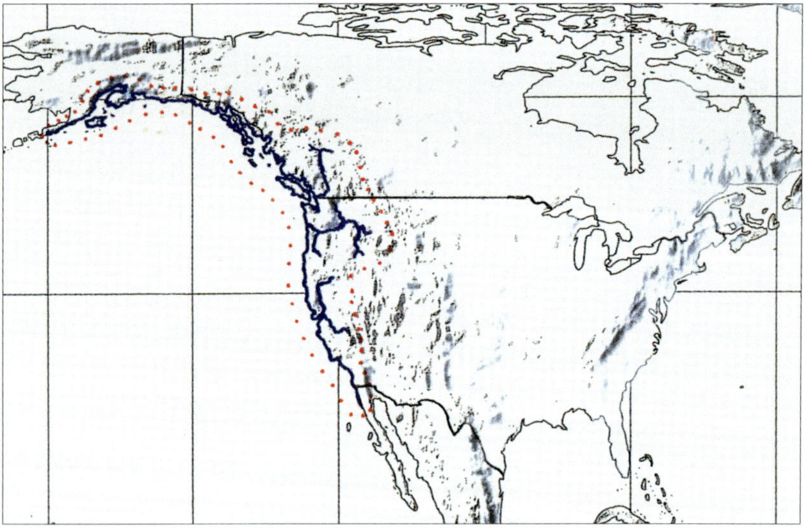

Verbreitungsgebiet des Weissen Störs

Der Weiße Stör kommt entlang der Pazifikküste Nordamerikas vom Golf von Alaska bis Kalifornien vor und steigt zum Laichen unter anderem in den Fraser mit Harrison und Stellako River, Taku, Kootenay, Umpqua, Chehalis, Yaquina und Willapa River, Columbia mit Snake River sowie Sacramento und St. Joaquin River.
Im Columbia River gibt es eine Süßwasserpopulation, die nicht ins Meer wandert. Möglicherweise kommt diese auch im Lake Shasta vor.

Lebensweise:

Die Nahrung besteht aus Bodentieren wie Krebsen (*Balanus, Cancer, Crago, Palaemon, Pacifastacus, Rhithropanopeus*), Insektenlarven (*Chaoborus*), Weichtieren (*Gemma, Macoma, Mytilus, Tapes*) und kleinen Fischen (*Clupea, Cottus, Engraulis, Leptocottus, Morone*). Zur Heringslaichzeit werden auch deren Eier gefressen.

Der Weiße Stör wird bis 6,7 m lang, 810 kg schwer und über 80 Jahre alt. Die Geschlechtsreife wird bei den Männchen mit 10-20 Jahren und bei den Weibchen mit 15-30 Jahren bei einer Größe von 1,1-1,5 m erreicht. Die Männchen laichen alle 2-4 Jahre, die Weibchen alle 4-8 Jahre.

Ein Teil der Störe wandert im Herbst in die Flüsse, ein anderer Teil im Frühjahr. Die Laichabgabe geschieht von März bis Juni bei einer Wassertemperatur von 9-17°C. Je nach Verbreitungsgebiet erfolgt sie im Süden früher als im Norden über schottrigem bis steinigem Grund an tiefen Stellen oder hinter Stromschnellen bei starker Strömung. Die Eimenge beträgt 0,1-4 Millionen Stück pro Weibchen, der Eidurchmesser beträgt 3,5-4 mm.

Die Entwicklungszeit der Eier dauert bei 14-16°C 7-8 Tage. Die frischgeschlüpften Brütlinge sind 10-11 mm lang und ca. 17 mg schwer, bei Erreichen der Freßfähigkeit sind sie 17-20 mm lang und ca. 27 mg schwer.

Die Elterntiere wandern vom Sommer bis zum Herbst wieder ins Brackwasser bzw. zum Meer zurück.

Fischerei und Fischzucht:

Im Kolumbia River und an der angrenzenden Küste werden jährlich 100-120 t gefangen. Der Weiße Stör ist in Nordamerika ein beliebter Sportfisch. Im Sacramento wurden ca. 6000 Stück Weiße Störe mit einer Länge von über 1 m markiert, um das Wanderverhalten festzustellen. Es wurden 1500 Stück zurückgemeldet.

Seit Anfang der achtziger Jahre wird in Nordamerika die künstliche Vermehrung durchgeführt. Dabei werden die Laichfische in den Flüssen und im Mündungsgebiet gefangen, die Weibchen mit 4 mg/kg und die Männchen mit 1 mg Karpfenhypophysen/kg hypophysiert. Wenn sie reif sind, werden sie aufgeschnitten, die Eier entnommen und diese erbrütet.

Der Weiße Stör wird in Nordamerika bereits in einigen Fischzuchten zum Speisefisch mit 5-8 kg aufgezogen. Dabei werden nach dem 1. Jahr nur mehr die größten Setzlinge (10-20%) zur weiteren Produktion verwendet. Der Weiße Stör erreicht bei einer konstanten Wassertemperatur von 21°C im 1. Jahr 0,5 kg, im 2. Jahr 2 kg, im 3. Jahr 4,5 kg und mit 3,5 Jahren ca. 6 kg.

Anfang der achtziger Jahre wurde der Weiße Stör nach Italien eingeführt, wo ca. 300 t/Jahr erzeugt werden.

In Amerika traten zwei verschiedene Viruserkrankungen beim Weißen Stör auf, die hohe Verluste bei Brütlingen und Setzlingen verursachen. Adeno Virus: eine Infektion der Darmschleimhaut und seltener der Leber. **W**hite **S**turgeon **I**rido **V**irus: die Epithelzellen in Kiemen und Haut zeigen fleckige Blutungen, die befallenen Fische magern ab, sinken zu Boden und schwimmen nicht mehr bis letztlich Verluste bis zu 95% auftreten. Der Virus läßt sich nur schwer feststellen, eine Behandlung ist nicht möglich. Die Übertragung erfolgt mit Eiern, Geräten und Wasser. Die Viruserkrankungen wurden bisher noch nicht in Europa festgestellt – es sollte daher von Importen Abstand genommen werden, da nicht sicher ist, ob nicht auch andere Störarten infiziert werden können.

Weißer Stör, 6-8 kg

Huso dauricus Georgi, 1775, **Sibirischer Hausen**, Kaluga

Beschreibung:

11-16 Rückenschilder, 32-46 Seitenschilder, 7-13 Bauchschilder, 16-23 Kiemenreusendornen

Die Kopflänge beträgt 27-30% und die Schnauze ca. 8% der Gesamtlänge. Die abgeflachten Bartfäden sind nicht gezähnt. Das Maul ist groß und sichelförmig. Die Kiemenhaut bildet eine freie Falte unter dem Isthmus.

Vom Europäischen Hausen ist er zu unterscheiden durch: weniger als 60 Flossenstrahlen auf der Rückenflosse. Das erste Rückenschild ist das größte, auch die größte Körperhöhe wird beim ersten Rückenschild erreicht.

Die Oberseite ist dunkelgrün bis gelblich, die Unterseite weiß gefärbt.

Verbreitung:

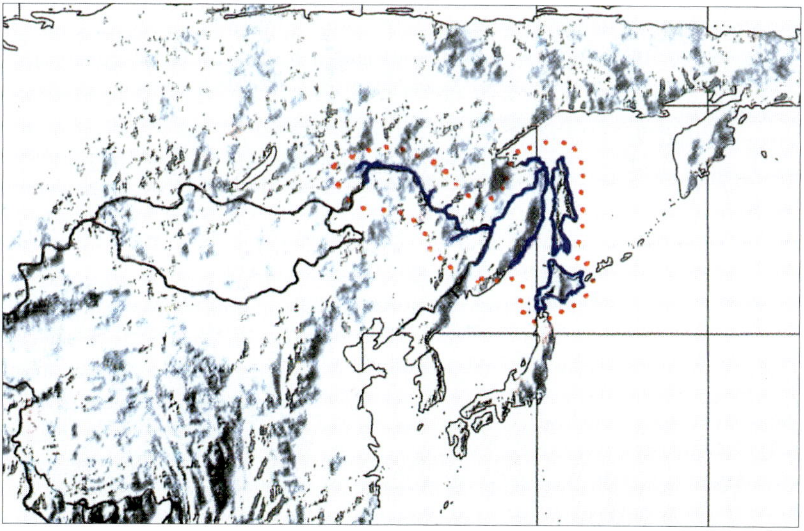

Verbreitungsgebiet des Sibirischen Hausens

Der Sibirische Hausen kommt in Asien im Ochotskischen Meer und im Amur-Flußsystem mit Ussuri, Songhua und Onon bis zu den Flüssen Shilka und Argun sowie im Sungari und im Schanka See vor.

Lebensweise:
Die Nahrung besteht im ersten Jahr aus Würmern und Krebsen, später gehen sie auf Fischnahrung über (*Rutilus, Cyprinus, Gobiobotia, Ctenopharyngodon, Hypophtalmichthys*), und zur Laichwanderung der Lachse (*Oncorhynchus*) werden fast ausschließlich diese gefressen.
Der Sibirische Hausen wird bis zu 5,6 m lang, über 1100 kg schwer und über 55 Jahre alt. Der Großteil ist durchschnittlich 2,5 m lang und ca. 114 kg schwer.
Die Geschlechtsreife wird bei den Männchen mit 14-21 Jahren und bei den Weibchen mit 17-23 Jahren bei einer Größe von 2-2,3 m und einem Gewicht von ca. 80 kg erreicht. Sie laichen im Abstand von 2-5 Jahren.
Es haben sich auch getrennte Populationen gebildet, die unterschiedlich wachsen: Eine Süßwasserpopulation, die ständig im Amur-Flußsystem lebt, und eine Population, die auch im Brackwasser und entlang des Küstenbereichs vorkommt.
Bei der Laichwanderung gibt es eine Herbst- und eine Frühjahrsform wie beim Europäischen Hausen.
Die Laichwanderung der Frühjahrsform beginnt im März, und das Laichen erstreckt sich über mehrere Tage vom Mai bis Juni bei einer Wassertemperatur von 12-14°C in einer Tiefe von 2-4 m über Sand- oder Schotterboden.
Die Eier haben einen Durchmesser von 3,2-4 mm.
Die frischgeschlüpften Larven und die Laichfische wandern schnell flußabwärts.
Im Winter halten sich die Fische ziemlich inaktiv im Meer oder an tiefen Stellen im Hauptfluß auf.
Der Sibirische Hausen wächst langsamer als der Europäische Hausen.

Fischerei und Fischzucht:
Die Fischerei wird mit verschiedenen Zug- und Schwimmnetzen, früher auch mit Fangleinen durchgeführt.
Zur Bestandserhaltung wird die künstliche Vermehrung am Amur seit kurzem durchgeführt.

Huso huso Linnaeus, 1758, **Hausen**, Beluga

Beschreibung:
9-17 Rückenschilder, 37-60 Seitenschilder, 7-14 Bauchschilder, 17-36 Kiemenreusendornen
Die Schnauze ist kurz und zugespitzt und beträgt 7-12%, der Kopf ca. 23% der Gesamtlänge. Das große sichelförmige Maul reicht bis zum Kopfrand, die Bartfäden sind lang, abgeflacht und gezähnt. Die Kiemenhaut bildet eine freie Falte unter dem Isthmus. Das erste Rückenschild ist vom Hinterhaupt getrennt. Der Körper ist rund und wird zum Schwanzstiel hin schmäler. Die Seiten- und Bauchschilder sind bei älteren Fischen oft in der glatten Haut verborgen.
Vom Sibirischen Hausen ist er unter anderem durch mehr als 60 Flossenstrahlen auf der Rückenflosse zu unterscheiden.
Die Oberseite ist stahlblau (grau bis schwarz) und die Unterseite weiß gefärbt.

Verbreitung:

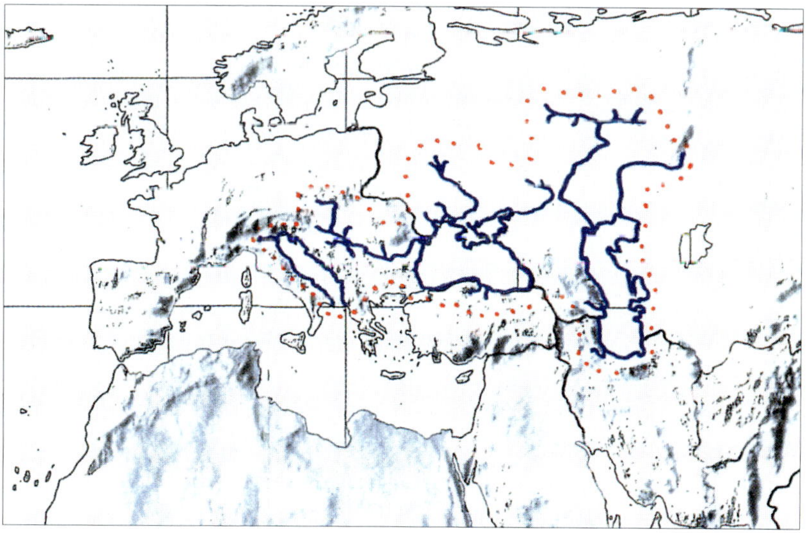

Verbreitungsgebiet des Europäischen Hausens

Im Kaspischen Meer mit den Zuflüssen Wolga, Ural, Kura, Gurgen und Sefid Rud, im Asowschen Meer mit Don und Kuban, im Schwarzen Meer mit

Rioni, Dnjepr, Dnjestr und Bug, im Donausystem mit den Zuflüssen Alt, Save, Theiß, Drau, Waag, March und der Donau bis zur Mündung der Isar, in der Adria mit dem Flußsystem des Po. In den einzelnen Meeren sogar in den verschiedenen Flüssen haben sich eigene Populationen gebildet, die sich durch Länge, Höhe und Breite des Kopfes sowie teilweise durch die Anzahl der Flossenstrahlen an Rücken- und Afterflosse unterscheiden lassen.

Lebensweise:
Die Nahrung besteht hauptsächlich aus Fischen (*Clupeonella, Alosa, Sprattus, Engraulis, Bentophilus, Rutilus, Cyprinus, Stizostedion, Abramis, Carassius, Leuciscus, Aspius, Vimba, Scardinius, Misgurnus, Mugil, Mullus, Merlangius, Atherina, Trachurus, Scomber, Platichthys*) und anderen Stören, aber auch aus Weichtieren (*Dreissena*) und Krebsen (*Astacus, Paramysis*). Größere Hausen fressen gelegentlich Wasservögel (*Larus*) und Robben (*Phoca*). Jungfische fressen auch Insektenlarven (*Palingenia*) und Würmer. Von Juni bis August wird 50% der jährlichen Nahrungsmenge aufgenommen. Der Hausen frißt auch während der Laichwanderung.
Er wird über 8 m lang und 1400 kg schwer – er ist der größte Süßwasserfisch der Welt und wird über 100 Jahre alt.
Die Geschlechtsreife wird, je nach Verbreitungsgebiet (im Westen früher als im Osten), bei den Männchen mit 10-16 Jahren und bei den Weibchen mit 14-20 Jahren bei einer Größe von 1,8-2 m erreicht. Die Hausen laichen im Abstand von 3-4 Jahren. Die Hauptgruppe der Männchen ist 15-17 Jahre, die der Weibchen 21-26 Jahre alt. Ihre Größe beträgt 2-2,6 m, ihr Gewicht 60-140 kg.
Die Aufwärtswanderung erfolgt in der Flußmitte an tiefen Stellen, die Abwärtswanderung nahe der Wasseroberfläche. Ein Teil der Hausen (Frühjahrsform) wandert von Februar bis April, der größere Teil (Herbstform) jedoch schon von September bis November flußaufwärts, überwintert an tiefen Stellen und laicht im kommenden Frühjahr von April bis Juni bei einer Wassertemperatur von 9-17°C. Je nach Verbreitungsgebiet beginnt der Zug im Westen und Süden früher als im Osten und Norden.
Die Männchen erscheinen am Laichplatz meist vor den Weibchen.
Die Laichabgabe erfolgt über schottrigem bis steinigem Grund in einer Tiefe von 3-20 m und bei einer Strömungsgeschwindigkeit von 1-2 m/sec. Die Eimenge beträgt 6000-7000 Eier/kg Körpergewicht. Die Eier haben einen Durchmesser von 3,3-4,3 mm und ein Gewicht von 22-37 mg. Die

Entwicklungsdauer beträgt bei einer Wassertemperatur von 12,5°C rund 200 Stunden. Die frischgeschlüpften Larven sind 11-14 mm lang, 17-32 mg schwer und nach 10-14 Tagen bei einer Größe von 18-20 mm freßfähig. Die Brütlinge driften mit einer Geschwindigkeit von 50-60 km/Tag relativ schnell in den Mündungsbereich.
Der Sommer wird in den oberen Wasserschichten entlang der Küste verbracht, im Winter halten sie sich meist in den tieferen Zonen der Meere in 100-180 m Tiefe auf.

Fischerei und Fischzucht:
Am Kaspischen Meer werden jährlich 1600-2000 t gefangen, wobei ein Großteil aus der Wolga stammt. Die Fänge sind im Kaspischen und Asowschen Meer durch künstliche Vermehrung und Besatz annähernd gleichbleibend. Die Laichfische werden mit GnRHa, ca. 1 Mikrogramm/kg, oder mit 2-4 mg Störhypophysen/kg Körpergewicht hypophysiert und nach 48-60 Stunden aufgeschnitten. Der Hausen liefert den begehrten Beluga-Kaviar. Anfang der neunziger Jahre wurde der Hausen wieder nach Mitteleuropa eingeführt, wo er vielversprechend für die Aquakultur genutzt werden soll. Die Aufzucht gestaltet sich bis zu einer Größe von 5 cm etwas schwierig, da sich die Brütlinge unter intensiven Kulturbedingungen gegenseitig fressen bzw. anbeißen. Ab einer Größe von 5 cm endet der Kannibalismus, und sie können sehr gut mit herkömmlichen Trockenfuttermitteln gefüttert werden. Ab einer Wassertemperatur von 15°C zeigen sie ein sehr gutes Wachstum. Sie erreichen bei einer Wassertemperatur von 20°C in einem Monat 5 g und in fünf Monaten 250 g.

Junge Hausen, 20-30 cm

PSEUDOSCAPHIRHYNCHUS FEDTSCHENKOI Kessler, 1872,
SYR-DARIA SCHAUFELSTÖR

Beschreibung:
15-22 Rückenschilder, 37-46 Seitenschilder,
8-10 Kiemenreusendornen
Der Körper ist schlank, der vordere äußere Rand der Brustflossen ist nach unten eingebogen und bildet eine Falte. Keine Stacheln an der Schnauzenspitze und am Kopf. Die Schwanzflosse geht in einen langen Faden über, dieser kann jedoch auch fehlen.
Es sind drei Formen bekannt, die sich durch die Länge der Schnauze und des Fehlens bzw. Vorhandenseins des Schwanzflossenfadens unterscheiden.

Verbreitung:

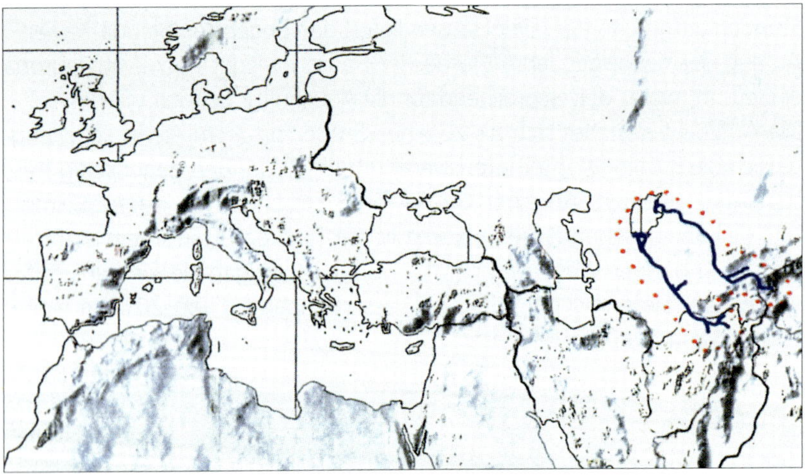

Verbreitungsgebiet der Asiatischen Schaufelstöre

Er kommt in Asien am Aralsee ausschließlich im Süßwasser des Syr-Daria vor und wird bis zu 70 cm lang.

Lebensweise:
Der Syr-Daria Schaufelstör laicht im April zusammen mit dem Glattdick auf steinigem Untergrund.
Die Eier haben einen Durchmesser von 1,3-1,8 mm.

PSEUDOSCAPHIRHYNCHUS HERMANNI Kessler, 1877,
KLEINER AMU-DARIA SCHAUFELSTÖR

Beschreibung:
9-13 Rückenschilder, 31-39 Seitenschilder, 6-9 Bauchschilder
Die Schnauze ist sehr lang und flach, die äußeren Bartfäden sind viel länger als die inneren. Die Ober- und Unterlippe ist in der Mitte eingebuchtet. Die Knochenplatten enden spitz und sind nach hinten gebogen. Der vordere äußere Rand der Brustflossen ist nach unten eingebogen und bildet eine Falte. Die Schwanzflosse geht nicht in einen Faden über. Keine bzw. sehr schwach entwickelte Stacheln an der Schnauzenspitze.

Verbreitung:
Er kommt am Aralsee ausschließlich im Süßwasser des Amu-Daria vor und wird bis zu 30 cm lang.

Lebensweise:
Die Nahrung besteht hauptsächlich aus wirbellosen Bodentieren.
Der Kleine Amu-Daria Schaufelstör kreuzt sich auch mit dem Großen Amu-Daria Schaufelstör und ist bereits sehr selten.
Die Asiatischen Schaufelstöre sind in ihrem Bestand bereits sehr gefährdet. Es wird versucht, Laichfische unter künstlichen Bedingungen zu halten und zu vermehren.

PSEUDOSCAPHIRHYNCHUS KAUFMANNI Bogdanov, 1874,
GROSSER AMU-DARIA SCHAUFELSTÖR

Beschreibung:
10-14 Rückenschilder, 30-38 Seitenschilder, 6-10 Bauchschilder, 15-17 Kiemenreusendornen
Die Schnauze ist lang, flach und schaufelförmig, die äußeren Bartfäden sind länger als die inneren. An der Oberseite der Schnauzenspitze befinden sich 1-5 starke spitze Stacheln, ein Paar dieser Stacheln befindet sich jeweils zwischen und hinter den Augen. Die Schwanzflosse geht in einen langen Faden über. Die Stacheln an der Schnauze und der Faden an der Schwanzflosse entwickeln sich bei den Jungfischen erst mit der Zeit .

Verbreitung:
Er kommt ausschließlich in Asien im Aralsee und im Amu-Daria vor, dabei besiedelt er vor allem die flachen Zonen mit 1-2 m Tiefe und sandigem Boden im Unterlauf sowie das Brackwasser im Delta.

Lebensweise:
Die Nahrung besteht hauptsächlich aus Insektenlarven und kleinen Fischen wie Barben und Schmerlen.
Der Große Amu-Darya Schaufelstör wird bis zu 75 cm lang und 2,5 kg schwer.
Die Geschlechtsreife wird mit 6-7 Jahren und einer Größe von 50 cm erreicht. Er laicht im Abstand von 3-4 Jahren, die Männchen sind bei gleichem Alter größer als die Weibchen und haben auch eine größere Schnauze.
Die Laichabgabe erfolgt von April bis Mai bei einer Wassertemperatur von 14-16°C. Die grauschwarzen Eier haben einen Durchmesser von 1,5-2,7 mm.

Fischerei und Fischzucht:
Die Asiatischen Schaufelstöre werden von den Moslems nicht befischt, seit Ende des 19. Jahrhunderts waren sie für die zugewanderte russische Bevölkerung von fischereilicher Bedeutung. Der Fang erfolgt mit Netzen und beköderten Legleinen. In ihrem Bestand sind sie sehr gefährdet und vom Aussterben bedroht.

Großer Amu-Daria Schaufelstör *Nach Berg, 1948*

SCAPHIRHYNCHUS ALBUS Forbes et Richardson, 1905, **WEISSER SCHAUFELSTÖR**

Beschreibung:
Die Schnauze ist breit, lang und schaufelförmig. Die Unterlippe ist nicht geteilt und mit vier Warzen besetzt, die Bartfäden sind gefranst. Der Körper ist schlank und der Schwanzstiel verlängert. Die Schilderreihen laufen am Schwanzstiel zusammen, und die Schwanzflosse geht in einen langen Faden über, der bei älteren Fischen auch abgebrochen sein kann. Es ist kein Spiraldarm vorhanden.
Er ist vom Gemeinen Schaufelstör durch mehr als 36 Flossenstrahlen an der Rückenflosse und mehr als 23 Flossenstrahlen an der Afterflosse sowie die Position der Bartfäden zu unterscheiden. Der Ansatz der äußeren Bartfäden ist hinter dem Ansatz der inneren, und die äußeren Bartfäden sind wesentlich länger als die inneren. Auch der Bauch ist ohne kleine Knochenplättchen.
Die Oberseite ist hellbraun bis hellgrau, die Unterseite weiß gefärbt.

Verbreitung:

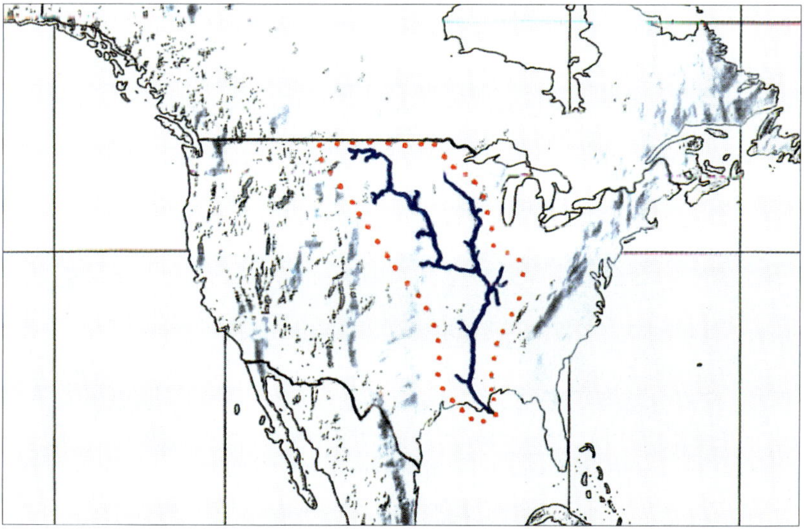

Verbreitungsgebiet der Amerikanischen Schaufelstöre

Er kommt in Nordamerika ausschließlich im Süßwasser des Mississippi-Flußsystems mit allen größeren Zuflüssen vor (wie Missouri, Yellowstone

mit Tongue River, Platte, Cairo, Kansas River und im Mississippi mit St. Francis und Sunflower von der Mündung des Missouris bis zum Delta mit Atchafalaya River), wo er gelegentlich auch ins Brackwasser geht.
Er bevorzugt Strecken mit starker Strömung und sandigem, kiesigem bis steinigem Boden in der Flußmitte.

Lebensweise:
Die Nahrung besteht hauptsächlich aus Insektenlarven und kleinen Fischen (*Platygobio, Hybognathus*).
Der Weiße Schaufelstör wird bis zu 1,8 m lang, 45 kg schwer und über 40 Jahre alt.
Die Geschlechtsreife wird mit 4-7 Jahren bei einer Größe von 50-60 cm erreicht. Er laicht im Abstand von 6-9 Jahren.
Die Laichzeit erstreckt sich von Juni bis August.
Der Eidurchmesser beträgt 2,5-3 mm.
Der Weiße Schaufelstör ist sehr selten und kreuzt sich oft mit dem Gemeinen Schaufelstör, was seinen Bestand zusätzlich gefährdet. Bei einem gemeinsamen Vorkommen besteht das Verhältnis 1:300 zum Nachteil des Weißen Schaufelstörs.

Fischerei und Fischzucht:
Früher war der Weiße Schaufelstör für die Fischerei von wirtschaftlicher Bedeutung, heute ist er bereits sehr selten.
Seit Anfang der neunziger Jahre wird der Weiße Schaufelstör zur Bestandserhaltung künstlich vermehrt.

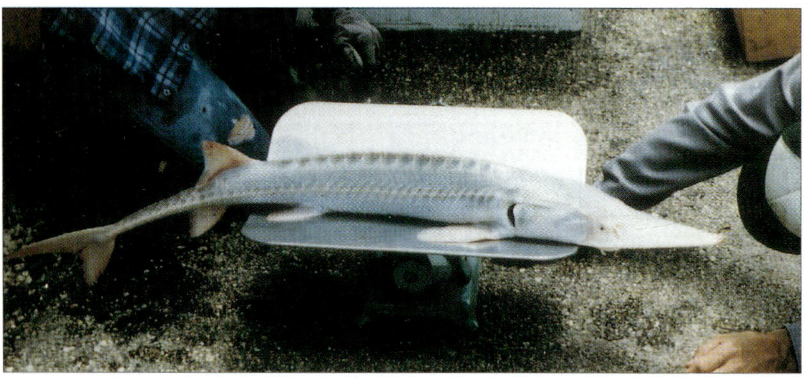

Weißer Schaufelstör, 3-4 kg *Foto: Hartberg*

Scaphirhynchus platorynchus Rafinesque, 1820, **Gemeiner Schaufelstör**

Beschreibung:
Die Schnauze ist breit, lang und schaufelförmig. Die Unterlippe ist nicht geteilt und mit vier Warzen besetzt, die Bartfäden sind gefranst. Der Körper ist schlank und der Schwanzstiel verlängert. Die Schilderreihen laufen am Schwanzstiel zusammen, und die Schwanzflosse geht in einen langen Faden über, der bei älteren Fischen auch abgebrochen sein kann. Es ist kein Spiraldarm vorhanden.
Der Schaufelstör kann vom Weißen Schaufelstör dadurch unterschieden werden, daß er auf der Rückenflosse weniger als 37 Flossenstrahlen und auf der Afterflosse weniger als 24 Flossenstrahlen besitzt. Auch der Ansatz der Bartfäden ist in einer Reihe und der Bauch mit zahlreichen kleinen, schuppenähnlichen Knochenplättchen besetzt.
Die Oberseite ist hellbraun bis gelb-oliv und die Unterseite weiß gefärbt, er ist jedoch dunkler als der Weiße Schaufelstör.

Verbreitung:
Er kommt in Nordamerika ausschließlich im Süßwasser des Mississippi-Flußsystems und dessen Zuflüssen wie Missouri, Ohio, Little Sioux, Platte und Nishnabotna River vor, meist in den Oberläufen der Flüsse, ausgenommen der großen Seen.
Er bevorzugt schnellfließendes Wasser mit einer Strömungsgeschwindigkeit von 0,2-1,5 m/sec und hält sich gerne in der Nähe der Zuflüsse über sandigem Boden der großen Flüsse auf.

Lebensweise:
Die Nahrung besteht hauptsächlich aus Insektenlarven (*Ceratopogon, Hexagenia, Libellula*).
Der Gemeine Schaufelstör wird bis zu 1 m lang und 4,5 kg schwer.
Die Geschlechtsreife wird mit 5-7 Jahren bei einer Größe von 35-45 cm erreicht. Die Hauptmasse hat eine Länge von 60-70 cm.
Die Laichzeit erstreckt sich von April bis Juli, dabei wird vorwiegend über steinigem bis felsigem Grund in schnellfließendem Wasser in der Flußmitte oder in den Seitenflüssen gelaicht.
Die Eientwicklung dauert je nach Wassertemperatur 5-7 Tage.

Fischerei und Fischzucht:
Der Schaufelstör war früher für die Fischerei von besonderer wirtschaftlicher Bedeutung. Er ist heute jedoch stark zurückgegangen – dafür wird vor allem die Verbauung und Kanalisierung der Flüsse verantwortlich gemacht. Der Fang erfolgt mit treibenden Netzen und Legangeln. Die Vermehrung wird in Nordamerika zur Bestandserhaltung künstlich durchgeführt. Dabei werden die Laichfische im Fluß gefangen, mit synthetischen Hormonen hypophysiert, und die Brut wird angefüttert.

Gemeiner Schaufelstör aus dem Platte-River Foto: Latka

Polyodon spathula Walbaum, 1792, **Löffelstör**

Beschreibung:
Lange, flache, löffelartige Schnauze, die bis 1/3 der Gesamtlänge erreicht. Das große, weit gespaltene und zahnlose Maul ist nicht vorstülpbar, lediglich die Larven besitzen zwei kleine Bartfäden und Zähne. Der Kopf und die Schnauze sind mit zahlreichen Sensoren besetzt (ca. 50.000-60.000), die der Nahrungssuche dienen, um Zooplanktonkonzentrationen aufzuspüren. Die Kiemenhaut ist seitlich weit nach hinten gezogen und endet spitz. Die Augen sind klein, die Kiemenreusen dünn und lang. Der Körper ist seitlich zusammengedrückt. Der obere und untere Teil der Schwanzflosse sind fast gleich lang, die Wirbelsäule läuft im oberen Teil der Flosse weiter. Die Haut ist, ausgenommen einiger Fulcra an der Schwanzflosse, glatt und nicht mit Knochenplatten besetzt.
Die Oberseite ist graugrün bis blauschwarz und die Unterseite heller bis weiß.

Verbreitung:

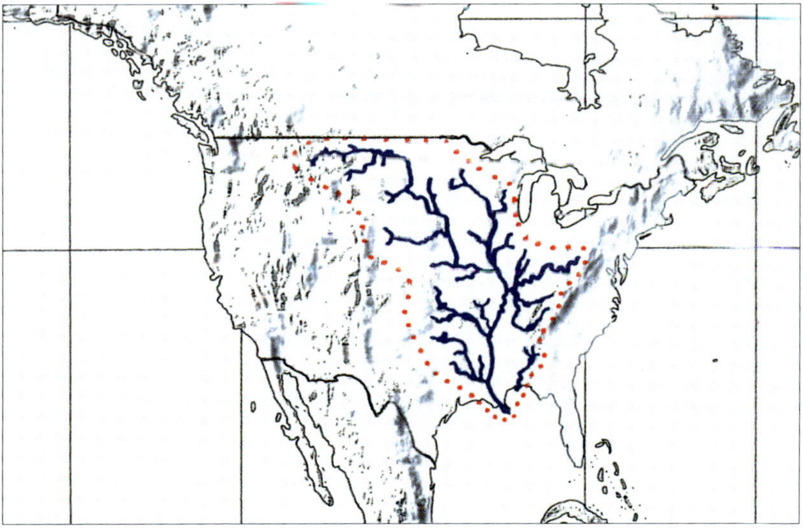

Verbreitungsgebiet des Löffelstörs

Er kommt ausschließlich im Mississippi-Flußsystem mit dem Red River, Arkansas, White, Tennessee, Cumberland, Ohio, Wabash, Missouri mit Platte

und Yellowstone River, Illinois, Iowa, Wisconsin, Minnesota sowie im Alabama River vor. Er besiedelt die langsam fließenden, großen Flüsse mit reichem Zooplanktonvorkommen. Im Golf von Mexiko ist er selten anzutreffen.
Anfang der siebziger Jahre wurde der Löffelstör erfolgreich in den Table Rock Lake eingebürgert, von wo aus er zum Laichen in den James River wandert.

Lebensweise:
Die Nahrung besteht hauptsächlich aus Zooplankton mit einer Größe von über 0,025 mm (speziell Copepoden) und Insektenlarven, die über die Kiemenreusen gefiltert werden. Dabei schwimmt er mit weit geöffnetem Maul durchs Wasser.
Der Löffelstör wird bis zu 2,3 m lang und über 80 kg schwer.
Die Geschlechtsreife wird bei den Männchen mit 5-9 Jahren, und bei den Weibchen mit 8-12 Jahren mit einer Größe von 1-1,2 m erreicht. Die Männchen laichen alle 1-2 Jahre, die Weibchen alle 2-4 Jahre.
Die Laichwanderung erfolgt im Frühjahr bei Hochwasser. Dabei wandern sie meist 200-300 km (manche über 1000 km) flußaufwärts in die freifließenden großen Flüsse. Die Eiablage erfolgt überwiegend in den Abendstunden in Gruppen unter starker Bewegung nahe der Wasseroberfläche von März bis Juni bei einer Wassertemperatur von 12-18°C über schottrigem bis kiesigem, sandfreiem Boden in einer Tiefe von 2-12 m und bei einer Strömungsgeschwindigkeit von mindestens 1 m/sec. Die Männchen bekommen einen Laichausschlag (kleine Warzen an der Oberseite des Kopfes und der Schnauze). Zur Laichabgabe müssen Wassertemperatur, Lichtintensität, Strömungsgeschwindigkeit und Laichsubstrat stimmen, da sonst die Eier resorbiert werden, und die Störe, ohne gelaicht zu haben, wieder flußabwärts wandern. Der Wasserstand spielt dabei eine besondere Rolle: ist dieser zu niedrig, wandern die Störe flußabwärts, kommt dann eine Flutwelle, wandern sie zum Laichen wieder flußaufwärts.

Die Eimenge beträgt 15.000-20.000 Stück/kg Körpergewicht. Der Durchmesser der Eier schwankt zwischen 3,3-3,9 mm. Die Entwicklungsdauer der Eier beträgt bei einer Wassertemperatur von 11-15°C 9-12 Tage bzw. bei 16-18°C ca. 200 Stunden. Die frischgeschlüpften Larven sind 8-10 mm lang, und nach weiteren 1-2 Wochen beginnt die aktive Nahrungsaufnahme. Dabei werden selektiv *Daphnien* gefressen.

Die Schnauze wächst erst mit der Zeit und ist nach ca. einem Monat voll entwickelt. Die Larven werden mit der Strömung in ruhige Bereiche gedriftet, wo sie ausreichend Nahrung vorfinden. Sie bevorzugen eine Strömungsgeschwindigkeit von 0-30 cm/sec. Das Anfangswachstum ist schnell und beträgt 1-3 mm/Tag. Die Elterntiere wandern nach dem Laichen schnell wieder flußabwärts und halten sich gewöhnlich in Gruppen auf.

Fischerei und Fischzucht:
Der Löffelstör ist durch Dammbau und Uferverbauung gefährdet. Durch die geänderten Fließgeschwindigkeiten wächst er zwar schneller, hat aber weniger Laichmöglichkeiten.
Die Fischerei erfolgt mit Kiemennetzen mit einer Maschenweite von 150-170 mm. Er ist auch ein begehrter Sportfisch – mit starken Angelruten, die mit schwerem Blei und ein bis zwei großen Drillingen ausgestattet ist, wird er „blind" gehakt. Der Fang erfolgt zur Laichzeit unter Staudämmen, wo sich die Fische konzentrieren. Teilweise bestehen Fanglimits und Mindestmaße, in einigen Regionen Nordamerikas ist der Fang sogar verboten. Der Jahresfang beträgt 300-400 t. Der Kaviar ist sehr geschätzt.
Der Löffelstör wird in Nordamerika seit den siebziger Jahren künstlich vermehrt. Dabei werden die Laichfische während der Laichwanderung

Löffelstör, 4-5kg. *Foto: Kahrs*

in den Flüssen gefangen und mit Löffelstörhypophysen oder synthetischen Hormonen (LHRHa 0,1 mg/kg) hypophysiert. Nach 20-22 Stunden werden dem Stör bei einer Wassertemperatur von 12-15°C die Eier entnommen. Sie werden erbrütet, aufgezogen und die Jungstöre werden wieder in die Flüsse ausgesetzt.
Der Löffelstör wurde Mitte der siebziger Jahre nach Rußland eingeführt, 10 Jahre später dort auch vermehrt und ist von gewisser wirtschaftlicher Bedeutung. Er wurde versuchsweise auch an zooplanktonreichen Stellen im Dnjepr ausgesetzt.
Ende der achtziger, Anfang der neunziger Jahre wurde er nach Mitteleuropa eingeführt, wo er in der Teichwirtschaft als Nebenfisch zum Karpfen (in Nordamerika zum Katzenwels) sehr gut wächst. Er erreicht im 1. Jahr 0,2-0,5 kg, im 2. Jahr 2-3 kg und im 3. Jahr 4-5 kg.
Die Brut ist unter intensiven Kulturbedingungen kannibalisch und benötigt ständig Futter, eine Zufütterung mit Trockenfutter ist ab 10-12 cm möglich. Der Löffelstör ist bei Abfischung und Transport sehr empfindlich.
Anfang der neunziger Jahre wurde der Löffelstör im Washingtoner Artenschutzabkommen in Anhang II der gefährdeten Tiere eingeordnet.

Psephurus gladius Martens, 1862, **Schwertstör**

Beschreibung:
Die Schnauze ist lang und schwertförmig, endet spitz, ist leicht nach oben gebogen und erreicht bis zu 1/3 der Gesamtlänge.
Das vorstülpbare große Maul ist weit gespalten und besitzt zahlreiche gleichförmige, verschieden große Zähne. An der Unterseite der Schnauze sind zwei sehr kleine Barteln. Am Kopf und an der Schnauze befinden sich zahlreiche pigmentierte Sensorgrübchen (ca. 5000-7000). Die Kiemenreusen sind groß und kammförmig, die Kiemenlamellen sehr dick und blattförmig. Die Haut ist glatt und nicht mit Knochenschildern besetzt (ausgenommen einiger starker Fulcra an der Oberseite der Schwanzflosse).
Die Oberseite ist grau-grün bis schwarz, die Unterseite weißlich gefärbt.

Verbreitung:

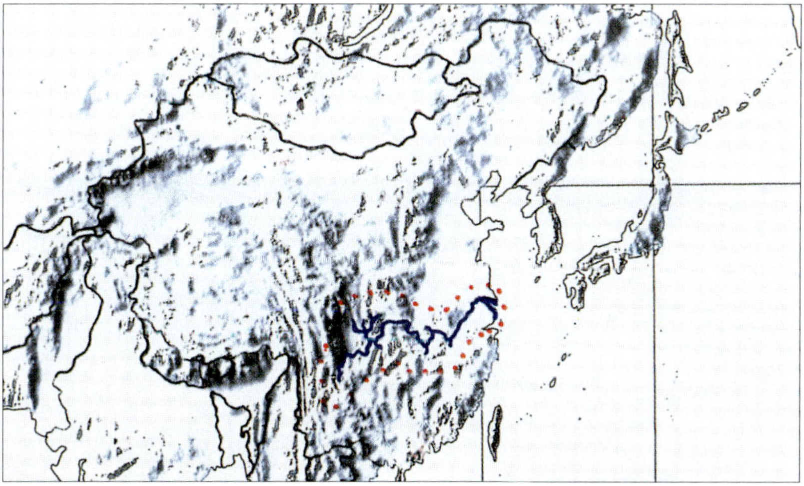

Verbreitungsgebiet des Schwertstörs

Er kommt ausschließlich im Flußsystem des Jangtsekiang in Asien mit den Nebenflüssen Jinsha, Kailing, Min, Tao sowie im Qiantang und Yangjian vor und ist sehr selten auch im Gelben und Chinesischen Meer anzutreffen.

Lebensweise:
Die Nahrung besteht hauptsächlich aus Bodenfischen (*Corieus, Gobio,*

Gobius, Rhinogobio, Coreius, Xenocypris, Abramis, Ctenopharynogodon, Malapharyngodon, Misgurnus, Botia, Pseudobagrus, Coilia) und seltener auch aus Krebsen, er ist nicht so spezialisiert wie der Löffelstör.

Der Schwertstör wird über 3,6 m lang und über 300 kg schwer.

Die Laichreife wird bei den Männchen mit 5-10 Jahren bei einer Größe von 1,5-2,0 m und einem Gewicht von 12-36 kg und bei den Weibchen mit 6-15 Jahren bei einer Größe von 1,8-2,8 m und einem Gewicht von 25-100 kg erreicht.

Zur Laichzeit wandern sie in die oberen Flußstrecken oder die Zuflüsse. Die Laichzeit erstreckt sich von März bis April, die Laichfische springen während des Laichens oft aus dem Wasser und verfolgen sich gegenseitig. Die Eiablage erfolgt meist in der Flußmitte bei einer Wassertemperatur von 18-20°C über sandigem bis schlammigem Grund bei einer Tiefe bis zu 10 m und einer Strömungsgeschwindigkeit von 0,7-0,9 m/sec. Die Eimenge beträgt 4000-8500 Stück/kg Körpergewicht bei einem Eidurchmesser von 2,3-3,1 mm.

Die Jungfische wandern bis zum Herbst in den Jangtsekiang zurück, um dort zu überwintern. Jüngere Störe halten sich gerne in Gruppen in Ufernähe, nicht tiefer als 10 m, auf, ältere sind Einzelgänger und im gesamten Bereich des Jangtsekiang zu finden.

Schwertstör *Foto: Yao*

Fischerei und Fischzucht:
Der jährliche Gesamtfang betrug bis zu den siebziger Jahren rund 25 t. Heute ist der Schwertstör stark gefährdet und in China gleich geschützt wie der Panda.
Die künstliche Vermehrung zur Bestandsunterstützung ist geplant. Der Schwertstör wächst am schnellsten von allen Acipenseriformes. Er erreicht im Jangtsekiang im 1. Monat durchschnittlich 50 g und 17,5 cm, im 3. Monat 250 g und 30 cm, im 6. Monat 1100 g und 67 cm und in einem Jahr 4 kg und 93 cm.

ÜBERBLICK ÜBER DIE VERSCHIEDENEN *ACIPENSERIFORMES*

Art	Verbreitung	Länge	Gewicht	Alter	RS	SS	BS	KR
Acipenser baeri	Asien/Europa	2,0 m	200 kg	60 J.	10-20	32-62	7-16	20-49
Acipenser brevirostrum	Nordamerika	1,4 m	45 kg	67 J.	7-13	21-35	6-11	22-29
Acipenser dabryanus	Asien	1,2 m	80 kg	40 J.	10-12	33-54		
Acipenser fulvescens	Nordamerika	2,4 m	140 kg	95 J.	9-17	29-42	7-12	25-40
Acipenser gueldenstaedti	Europa	2,3 m	110 kg	50 J.	5-19	23-50	6-14	15-30
Acipenser medirostris	Asien/Nordam.	2,5 m	160 kg	50 J.	7-11	20-36	6-10	18-20
Acipenser naccarii	Europa	2,0 m	150 kg	50 J.	9-21	29-46	8-13	30-35
Acipenser nudiventris	Europa/Asien	2,2 m	120 kg	36 J.	11-26	35-74	11-17	24-45
Acipenser oxyrhynchus	Nordamerika	4,3 m	370 kg	60 J.	7-16	24-35	8-14	15-27
Acipenser ruthenus	Europa/Asien	1,2 m	16 kg	27 J.	11-18	56-71	10-20	11-27
Acipenser schrencki	Asien	3,0 m	200 kg	40 J.	11-17	32-47		36-45
Acipenser sinensis	Asien	4,0 m	550 kg	50 J.	12-14	14-28		
Acipenser stellatus	Europa	2,2 m	68 kg	35 J.	9-16	26-43	9-14	24-29
Acipenser sturio	Europa	6,0 m	600 kg	60 J.	9-16	24-40	8-14	15-29
Acipenser transmontanus	Nordamerika	6,7 m	810 kg	80 J.	11-14	38-48	9-12	34-36
Huso dauricus	Asien	5,6 m	1100 kg	55 J.	11-16	32-46	7-13	16-23
Huso huso	Europa	8,0 m	1400 kg	100 J.	9-17	37-60	7-14	17-36
Pseudoscaph. fedtschenkoi	Asien	0,7 m	2 kg	30 J.	15-22	37-46		8-10
Pseudoscaph. hermanni	Asien	0,3 m	1 kg	20 J.	9-13	31-39	6-9	
Pseudoscaph. kaufmanni	Asien	0,7 m	2 kg	30 J.	10-14	30-38	6-10	15-17
Scaphirhynchus albus	Nordamerika	1,8 m	45 kg	40 J.				
Scaphirh. platorynchus	Nordamerika	1,0 m	5 kg	30 J.				
Polyodon spathula	Nordamerika	2,3 m	80 kg	40 J.				
Psephurus gladius	Asien	3,6 m	300 kg	50 J.				

Abkürzungen: RS = Rückenschilder, SS = Seitenschilder, BS = Bauchschilder, KR = Kiemenreusendornen

Zur Altersbestimmung wird den Stören ein kleines Stück des ersten Brustflossenstrahls herausgeschnitten. Es wird getrocknet und unter dem Mikroskop werden die Jahresringe abgelesen.
Der Korpulenzfaktor (Gewicht x 100 : Länge^3) beträgt bei Stören (Wildfischen) je nach Art und Reifezustand zwischen 0,4 und 0,9.

AQUAKULTUR

LAICHFISCHFANG

Der Großteil der Laichfische wird während der Laichwanderung im Mündungsbereich der Flüsse oder an den Laichplätzen gefangen. Dabei werden verschiedene Methoden, je nach Störart, Vorkommen, Bestand und Fanggebiet angewendet: Fang mit langen Legleinen, die über den Grund gespannt werden und im Abstand von 0,3 bis 1 m mit zahlreichen Einzelhaken besetzt sind, in denen sich die Laichfische verfangen. Diese Methode wird vor allem in der Unteren Donau und in Asien verwendet. Meist jedoch können die Fische nachher nur kurz gehältert werden und gehen oft an den starken Verletzungen zugrunde.

Das „Blindhaken" ist vor allem in Nordamerika weit verbreitet. Dabei verwendet man eine Angelrute, die mit 300 m starker Leine, schwerem Blei (200 g) sowie einem Stahlvorfach und 1-2 Drillingen oder großen Einzelhaken bestückt ist. Der Fang erfolgt, vor allem für den Weißen Stör überwiegend vom Boot aus. Dabei werden das Blei und die Haken langsam über den Boden gezogen, und bei Widerstand wird ein Anschlag gesetzt. Bei klarem Wasser werden auch die rastenden, am Boden ruhenden Störe auf Sicht gehakt – vor allem zur Laichzeit der Heringe, wenn sie deren Eier fressen und zwischendurch wieder ruhig am Boden liegen.

Eine humanere Methode, die hauptsächlich in Rußland bei genügend großen Beständen verwendet wird, ist der Fang mit Zugnetzen. Dabei wird das Zugnetz vom Boot aus in einem Halbkreis ausgelegt und anschließend ans Ufer gezogen (siehe S. 101). Für kommerzielle Zwecke werden größere Mengen gefangen, und die Laichfische aussortiert.

Kiemen- bzw. Grundnetze mit einer Maschenweite von 100-200 mm eignen sich ebenfalls sehr gut für den Fang von Stören. Die Netze werden mit einem Ende am Ufer befestigt und mit einem Boot in Richtung Flußmitte ausgelegt, wobei das andere Ende nicht verankert wird. Die Netzkontrolle erfolgt mehrmals täglich, um Streß oder ein Ersticken in den Netzmaschen der oft stark verfangenen Störe zu verhindern.

Auch mit Treibnetzen, welche entlang der Störwanderstrecke im Fluß driften (meist ist ein Ende am Boot befestigt), erzielt man gute Fangergebnisse. Senken und Hamen sowie Elektrofischereigeräte werden in kleinerem Maß ebenfalls erfolgreich eingesetzt.

Die Laichfische werden nach Reifegrad und Geschlecht getrennt und möglichst schonend sofort in eine Hälterung transportiert, reife Rogner werden

gleich hypophysiert. Dazu können Becken jeder Form und Größe oder kleine Teiche verwendet werden. Am besten eignen sich Rundbecken mit 4-6 m Durchmesser und einer Tiefe von 1 m. Das Zuflußwasser sollte eine gute Qualität aufweisen. Die Wassertemperatur sollte möglichst gleich oder höher als im Fanggebiet sein (optimal ca. 15°C). Die Becken werden abgedeckt, um Streß und ein Herausspringen der Laichfische zu vermeiden, gefüttert wird im allgemeinen nicht.
Fische, die im Meer- oder Brackwasser gefangen wurden, werden zur Akklimatisierung in ein Becken gebracht, welches mit Salzwasser (Salzgehalt wie im Herkunftsgewässer) gefüllt und belüftet wird. Während 2-3 Tagen wird Süßwasser dazugegeben, um die Fische ans Süßwasser anzupassen.
Prophylaktisch werden die Laichfische, um verletzungs- und streßbedingten Erkrankungen vorzubeugen, einmal pro Woche mit 1%igen Salzbädern (ev. zusätzlich 100 ppm Formalin) gebadet.

Zugnetzfischerei (Waxdick) an der Wolga Foto: Zauner

LAICHFISCHHALTUNG

Laichfische vom Sibirischen Stör in der Hälterung

In Fällen, in denen nicht auf Wildfische zurückgegriffen werden kann bzw. in denen man nicht von Wildfischfängen abhängig sein möchte, wird in künstlichen Gewässern ein Laichfischbestand gehalten.

Mehrere Varianten sind möglich:
Eine Methode ist die Haltung in Teichen mit Naturnahrung. Dabei werden Teiche verschiedener Form und Größe benutzt. Wichtig ist, daß die von den Laichstören benötigte Nahrung in ausreichendem Maße vorhanden ist, da bei Futtermangel kein Laich angesetzt wird. Die Besatzmenge beträgt 100-200 kg/ha. Auch ein Mitlaufenlassen der Laichfische bei kleineren Fischen bzw. gering besetzten Teichen ist möglich und eignet sich besonders für den Löffelstör. Die Fische halten sich das ganze Jahr in den Teichen auf und werden zur Laichzeit abgefischt (siehe Abb. S. 103). Diese Methode hat den Nachteil, daß die Störe nicht unter Kontrolle sind, und beim Abfischen auf einmal herausgefangen, nach Reifegrad sortiert und in Becken gehältert werden müssen.

Die beste Methode (ausgenommen für Löffelstöre) ist die Haltung in kleinen Teichen oder großen Becken sowie in Fließkanälen (siehe Abb. S. 104). Die Besatzdichte beträgt maximal 50 kg/m^2. Die Störe sind dabei unter ständiger Kontrolle. Die Fütterung ist, wie auch bei anderen Fischen, ausschlaggebend für die Eiqualität. Es sollte möglichst viel Naturfutter gefüttert werden. Am einfachsten ist es, faschierte Weißfische mit Trockenfutterpellets im Verhältnis 3:1 zu mischen, oder minderwertige kleine Fische an die Laichstöre zu verfüttern. Der Futterquotient beträgt bei der Verfütterung von Fischen je nach Art und Qualität 5-7. Die tägliche Futtermenge beträgt 0,5-1% des Besatzgewichts bei Trockenfutter und 5-10% bei Naßfutter. Im Winter sollte je nach Wassertemperatur und 1-2 Monate vor der Laichreife nicht mehr gefüttert werden.

Wichtig zur Erreichung der Laichreife ist der normale, natürliche Temperaturverlauf des Wassers, d.h. im Winter kalt und im Sommer warm. Bei einer dauernden Haltung der Laichfische über 18°C bzw. unter 6°C werden die Eier gewöhnlich nicht reif bzw. wieder resorbiert.

Unter teichwirtschaftlichen Bedingungen brauchen Störe nur etwa halb so lange, die Geschlechtsreife zu erlangen, als unter natürlichen Bedingungen. Zur Erreichung der Geschlechtsreife sind die Größe, der Ernährungszustand und die Anzahl der Tagesgrade wichtiger als das Alter.

Alle Störarten werden auch bei ausschließlicher Haltung im Süßwasser geschlechts- bzw. laichreif. Je nach Kondition und Art können die Milchner alle 1-2 Jahre und die Rogner alle 2-4 Jahre bis zu 5mal zur Vermehrung verwendet werden.

Das Geschlechterverhältnis (Männchen zu Weibchen) kann 1:3 betragen.

Abfischen der Laichfische (Weißer Stör) Foto: Vaini

VORGEHENSWEISE

Zum einfacheren Auseinanderhalten von Rogner und Milchner sowie reifen und unreifen Stören können die Laichfische markiert werden. Dazu werden verschiedene Methoden verwendet:
Plastikbänder mit 1-3 cm Breite in verschiedenen Farben, die mit einer Nummer versehen sind und um den Schwanzstiel gelegt werden. Diese Bänder sind jedoch nur für eine Kurzzeitmarkierung während der Vermehrung zu verwenden. Sie müssen anschließend wieder entfernt werden, damit der Schwanzstiel nicht abgeschnürt wird.
Spaghetti-Marken, die bei anderen Fischen auch verwendet werden, eignen sich eher für eine Langzeitmarkierung. Diese in verschiedenen Farben erhältlichen und mit einer Nummer versehenen Marken werden mit einer Markierungspistole, vorzugsweise an der Basis der Rückenflosse, unter die Haut geschossen und verankern sich dort. Nachteil dieser Markierung ist, daß die Marken nur gelesen werden können, wenn der Fisch aus dem Wasser genommen wird.
Die für die Rindermarkierung gebräuchlichen ca. 1 cm breiten, farbigen Ohrmarken aus Plastik, die ebenfalls mit einer Nummer versehen sind, wer-

Laichfischkescher im Einsatz

den an der Brustflosse befestigt. Dabei kann z.B. für die Milchner die rechte Brustflosse und für die Rogner die linke Brustflosse verwendet werden, um die Geschlechter schnell auseinanderhalten zu können. Um ein Ausreißen der Marke zu verhindern, muß an der Basis in den dritten Brustflossenstrahl mit einer Lochzange ein Loch vorgestanzt werden, durch das die Marke durchgesteckt wird.

Zur leichteren Handhabung von Laichfischen haben sich, wie bei anderen größeren Laichfischen auch, sogenannte Laichfischkescher (Schlauchkescher) eingebürgert. Die Kescher haben einen Durchmesser von 40-60 cm, eine Länge von 2-3 m und bestehen aus möglichst weichem, engmaschigem Gewebe, damit die Fische nicht verletzt werden. Das hintere Ende ist offen und wird beim Fang einfach mit einer Hand zusammengehalten, um anschließend den Fisch wieder leicht herausgleiten lassen zu können (siehe Abb. S. 104).

Für die Manipulation an Fischen mittlerer Größe ist eine Tragbahre mit 2 m Länge, die aus glattem Nylongewebe besteht, von Vorteil. Die Fische können darin auch kurze Strecken getragen und betäubt werden. Mit einem eingebauten Schlauch, der ins Maul des Störs gesteckt wird, kann bei längeren Arbeiten am Fisch die Zufuhr von Wasser bzw. einer Betäubungslösung (75 ppm MS 222) erfolgen.

Überprüfen der Reife beim Adriastör

Ein Arbeitstisch mit einer nylonüberzogenen dicken Schaumgummiauflage, der in den Teich oder das Becken gestellt wird, erleichtert das Hantieren (siehe Abb. S. 105). Die Laichfische müssen nicht aus dem Becken oder Teich gehoben werden.
Größere Laichfische (über 100 kg) werden mit kleinen Seilwinden oder Kränen gehoben oder mit dem in der Fischzucht gebräuchlichen Hubstapler transportiert.
Bei der Störmanipulation ist es von Vorteil, gute Lederhandschuhe zu verwenden, da die meist sehr kräftigen Laichfische mit ihren Knochenplatten oft böse Verletzungen verursachen können.
Alle Manipulationen an Laichfischen sollten so gering und schonend als möglich vor sich gehen, um die Fische nicht unnötigem Streß auszusetzen.

VERMEHRUNG

GESCHLECHTS- und REIFEBESTIMMUNG

Im Frühjahr, von März bis Mai: Bei Ansteigen der Wassertemperatur auf 10-12°C werden die Fische nach Reifegrad und Geschlecht sortiert. Die reifen Störe kommen getrennt nach Geschlechtern in Becken (am besten Rundbecken).
Die Milchner sind etwas schlanker und bei manchen Arten an der Unterseite etwas dunkler gefärbt (z.B.: Waxdick, Adriastör). Die Rogner haben einen weichen, vollen Bauch (siehe Abb. S. 105), oft sind die reifen Gonaden als dunkler Streifen durch den Bauch erkennbar. Ein voller Magen und Darm oder Fett darf aber nicht mit den Gonaden verwechselt werden. Auch die Bauchschilder sind bei den Weibchen einiger Arten (z.B.: Weißer Stör) teilweise weicher und glatter. Dies ist vermutlich auf ein Resorbieren von Kalzium und anderen Mineralstoffen während der Eireife zurückzuführen.
Bei reifen Stören zeigt sich bei einigen Arten ein weißlicher Belag (Laichausschlag) am Kopf (z.B.: Hausen, Sterlet, Sibirischer Stör), bei den Milchnern stärker als bei den Rognern. Die Geschlechtsöffnung ist bei reifen Stören rötlich geschwollen – bei den Rognern ist dies stärker als bei den Milchnern (siehe Abb. S. 110).
Kann äußerlich das Geschlecht bzw. der Reifegrad nicht bestimmt werden, so muß dies chirurgisch erfolgen.
Zur Reifebestimmung werden dem betäubten Rogner (Betäubungsgrad 3, siehe Tab. S. 110) einige Eier (10-50 Stück im Stadium V, siehe Tab. S. 109) durch einen kleinen, ca. 1 cm langen Schnitt mit einem kleinen Schlauch (ca. 4 mm Durchmesser) an der Bauchseite in Höhe des 3.-5. Bauchschildes vor der Geschlechtsöffnung entnommen, die Wunde wird wieder vernäht. Anschließend werden die Eier 2-3 Minuten im Wasser gekocht, abgekühlt, der Länge nach (reife Eier sind leicht oval) mit einem Skalpell aufgeschnitten und die Lage des Zellkerns ermittelt. Der Zellkern, welcher das genetische Erbmaterial enthält, befindet sich beim unreifen, runden Ei in der Mitte und wandert mit zunehmender Reife zum animalen Pol, wo sich die Micropylen befinden. Falls sich bei Betrachtung mit dem Mikroskop der Zellkern bei mindestens 75% der Eier am Rand im peripheren Viertel befindet, sind die Eier reif, und man kann hypophysieren. Eine einfache

Formel zur Ermittlung des Polarisationsindex lautet: Abstand zwischen animalem Pol und Zellkern dividiert durch Abstand zwischen animalem Pol und vegetalem Pol. Ist die Distanz geringer als 7% (0,07) bzw. 1/14, ist der richtige Reifegrad erreicht. Die Distanz entspricht etwa der Hälfte des Zellkerndurchmessers.

Bei unreifen Stören wird, um das Geschlecht festzustellen, der Schnitt auf 3-5 cm vergrößert, und durch Beiseiteschieben des Darms werden die Gonaden untersucht, alternativ geschieht dies durch Biopsie. Sind die Gonaden klein bzw. nicht sichtbar, können diese mit dem Finger (vorher desinfizieren) vorsichtig ertastet – oder mit einem Otoskop betrachtet werden. Unreife Ovarien sind gelblich-weiß bis hellrosa gefärbt, abgeflacht und fühlen sich rauh an. Die Hoden sind gelblich-weiß gefärbt und mit einer dünnen, gräulichen Haut überzogen. Sie sind gleichmäßig und fühlen sich weich an. Reife Hoden sind weiß, reife Ovarien graubraun bis schwarz gefärbt und haben keine gelben Fetteinlagerungen.

Bei kleinen Stören sowie bei genügend Erfahrung verzichtet man meist auf die Reifebestimmung und geht nach Gefühl bzw. Erfahrung vor.

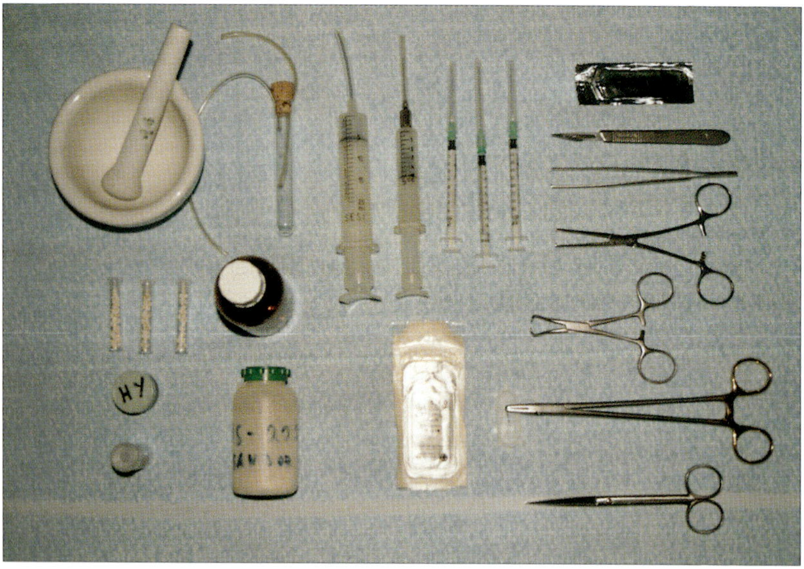

Utensilien zur Störvermehrung

Reifezustand der Gonaden

Stadium	Zeit	Merkmale Rogner	Merkmale Milchner
0	ganzes Jahr	keine Unterschiede feststellbar	
I	ganzes Jahr	Ovarien gelblich weiß, bestehend aus Fettzellen mit Ogonien und Primäroozyten unter 0,1 mm mit großem Nukleus	Hoden dünn, bestehend aus Fett- und Keimgewebe mit sich teilenden Spermatogonien in losen Zysten
II	ganzes Jahr	Mindestens 50% der Ovarien 0,1-0,5 mm, hellgelb, in Fett eingebettet	Keimanteil der Hoden auf 1/3 vergrößert, bestehend aus Zysten mit Primärspermatozyten
III	Juni-September	Ovarien 0,5-1 mm, grau mit gelbem Fett (Kammern)	Hoden weißgrau, die Hälfte ist Fett (Ampullen)
IV	September-April	Ovarien 1-2 mm, graubraun, wenig bis keine Fettzellen	Hoden groß, 1/3 sind Fettzellen, die Spermien sind nicht lose
V	April-Juni	Zwei Oozytenstränge vorhanden, einer in Stadium II, die anderen bestehend aus graubraunen bis schwarzen Eiern mit 2-4 mm Durchmesser, der Zellkern wandert zum Animal-Pol	Hoden groß, kein Fettgewebe, alle Zysten und Kanäle mit reifen Spermatozoen, Spermien reif und lose
VI	Juni-Mai	Eier matt, leicht rosa in Bauchhöhle, einige Eier absorbiert, Blutklümpchen	Hoden matt, hellrosa, Spermien frei in der Leibeshöhle

Modifiziert nach: Conte et al., 1988; Dadswell, 1979; Williot et al., 1991;

Ein chirurgischer Eingriff an lebenden Tieren darf in den meisten Ländern nur von einem Tierarzt vorgenommen werden. Um spätere Unannehmlichkeiten zu vermeiden, setzen Sie sich bitte vorher mit Ihrem Fischgesundheitsdienst in Verbindung.

Betäubungsgrad
100-150 ppm MS-222

1	Atemfrequenz schnell, verlangsamt sich dann, schwimmt langsam
2	Atemfrequenz langsam, Seitenlage, versucht sich aufzurichten
3	Atemfrequenz sehr langsam, verliert Gleichgewicht, Rückenlage
4	keine Atemfrequenz, Frischwasserzufuhr, kein Betäubungsmittel
5	Kiemendeckel abgespreizt, sofort Frischwasser, stirbt sonst

Sterlet Milchner (links) und Rogner (rechts)

HYPOPHYSIERUNG

Beim Ansteigen der Wassertemperatur auf 12-15°C bzw. bei Erreichen des Reifestadiums (bei wildgefangenen Fischen zumeist nach 200-300 Tagesgraden) werden die reifen Laichfische mittels intramuskulärer Injektion hypophysiert, um die Endreifung der Eier zu erreichen. Durch die Hypophysierung kommt es bei den Rognern zu einer irreversiblen Reifung und in Folge zu einer Loslösung der Eier im Eierstock, die normalerweise erst unmittelbar vor dem Laichvorgang einsetzt.

Falls man über ein Warmbruthaus verfügt, können die Fische auch schon früher, je nach Reifegrad (ab Dezember), ins Bruthaus gebracht werden. Die Wassertemperatur kann man langsam steigern.

Früher vermutete man, daß nur Störhypophysen eingesetzt werden können, heute weiß man, daß dies auch mit Hypophysen (Gehirnanhangdrüse) anderer Fischarten wie Lachs oder Karpfen möglich ist. Auch künstlich hergestellte, synthetische Hormonanaloge wie LH-RHa (Luteinizing Hormone – Releasing Hormone Ethylamide) oder GnRHa (Gonadotropin Releasing Hormone Ethylamide) werden verwendet.

Bei Karpfenhypophysen werden 2-6 mg Hypophysen/kg Körpergewicht für die Rogner verwendet (je nach Wassertemperatur bei niedrigen mehr als bei höheren). Sie bekommen 10% in einer Vordosis und die restlichen 90% ca. 12 Stunden später in der Hauptdosis. Die Milchner erhalten (falls nötig) die Hälfte der Hormondosis zu dem Zeitpunkt, wenn die Rogner die Hauptdosis bekommen, in einer Gabe. Die Zeit sollte so gewählt werden, daß die voraussichtliche Vollreife in die frühen Morgenstunden fällt.

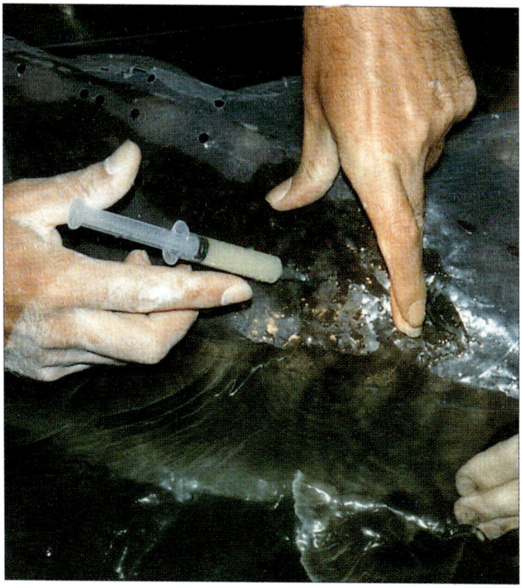

Hypophysieren im Laichfischkescher bzw. unter Wasser

Stehen Störhypophysen zur Verfügung, reicht die Hälfte der Karpfenhypophysenmenge bzw. 1,3-1,8 mg/kg aus.
Bei synthetischen Hormonen beträgt die verabreichte Menge 1-10 Mikrogramm/kg Körpergewicht. Die Männchen bekommen gewöhnlich um die Hälfte weniger in einer Injektion, die Weibchen eine ein- bis zweimalige Injektion (10% Vordosis und 90% Hauptdosis).
Frische, kurz vor der Laichzeit gewonnene Hypophysen werden zweimal (12 Stunden) in Aceton (1:10) eingelegt, entfettet, entwässert und anschließend auf Filterpapier bei 20°C getrocknet. Sie sind so, lichtgeschützt und trocken aufbewahrt, auch über Jahre haltbar.
Die getrockneten Hypophysen werden in einer Reibschale (Mörser) fein zermahlen, mit 1-3 ml (je nach Menge und Fischgröße) physiologischer Salzlösung (0,9%) aufgeschwemmt und in eine Injektionsspritze aufgezogen. Die Injektion erfolgt im vorderen Körperdrittel in die Rückenmuskulatur und wird kurz einmassiert. Bei größeren Laichfischen erfolgt die Injektion im Laichfischkescher bzw. unter Wasser. So müssen die Störe nicht herausgehoben werden. Für die Fische bedeutet diese Methode weniger Streß (siehe Abb. S. 111). Mehr als 1-2 ml Hormonlösung sollte pro Injektion nicht verabreicht werden. Es ist besser, die Menge auf beide Rückenseiten zu verteilen bzw. öfter zu injizieren.
Die Hypophysenmenge wird immer frisch zubereitet, da die Hormone bei Raumtemperatur nur ca. 1 h wirksam bleiben.

EIGEWINNUNG

Die reifen Fische (erfahrungsgemäß 80-90% der hypophysierten) beginnen in den Becken am Rand und an der Oberfläche zu schwimmen und reiben sich manchmal an den Wänden. Die Eier können 6-12 Stunden nach Beginn dieser aktiven Phase bzw. 12-48 Stunden (siehe Tab. S. 113) nach der letzten Hypophysierung (je nach Störart, Größe, Zustand und Temperatur) gewonnen werden. Bei 15°C sollten die Fische ab 20 Stunden nach der Hypophysierung laufend alle 2-3 Stunden kontrolliert werden, um ein Überreifen bzw. Ablaichen der Fische im Becken zu verhindern. Befinden sich klebrige Eier im Becken, können die Eier gewonnen werden. Sind die freigesetzten Eier nicht klebrig, läßt dies auf eine geringe Qualität schließen, die sich in einer geringen Befruchtungsrate niederschlägt. Rund 80% der reifwerdenden Fische liefern je nach Art und Zustand eine gute Eiqualität.

Reifedauer nach der Hypophysierung in Abhängigkeit von der Wassertemperatur

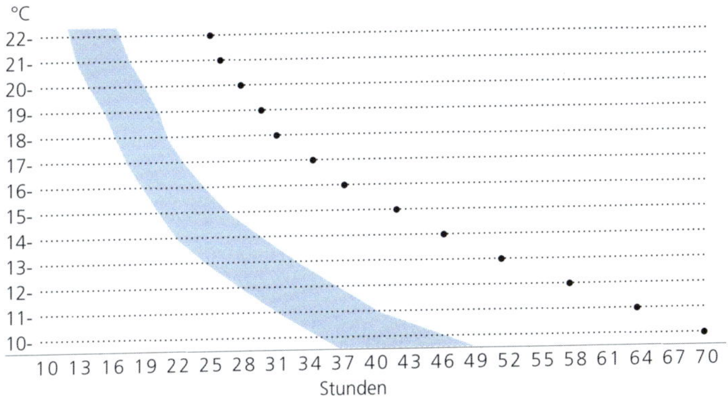

Modifiziert nach: Dettlaff et al., 1993; Gershanovich et Smith, 1995; Williot et al., 1991.

Die Tabelle gibt die durchschnittlichen Zeiten bis zur Reifung der ersten Weibchen (je nach Störart) infolge der Hormoninjektion wieder. Bis alle reif sind, müssen, abhängig von der Wassertemperatur, 10-20 Stunden als Toleranzwert hinzugerechnet werden. Laichfische, die bis zu diesem Zeitpunkt nicht reif wurden, ergeben fast immer schlechtes Eimaterial.

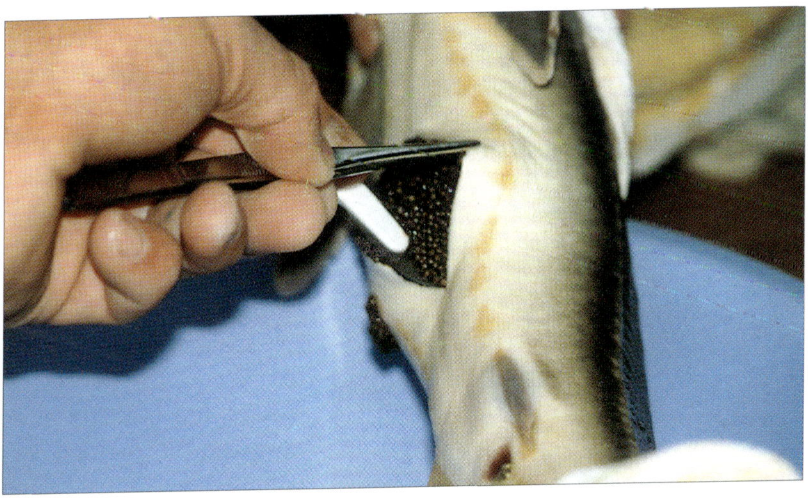

Durch einen Schnitt, der anschließend wieder zusammengenäht wird, werden dem betäubten Rogner die Eier entnommen.

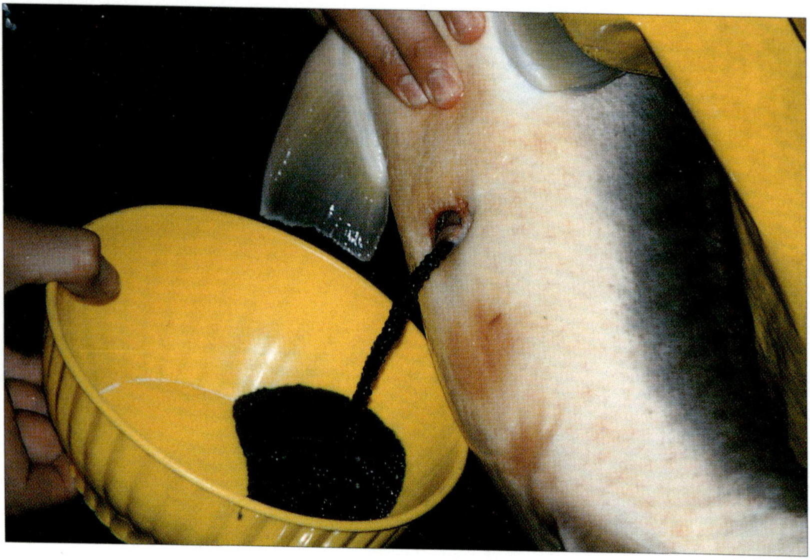

Abstreifen eines Störrogners

Eine Möglichkeit der Eigewinnung besteht darin, die Störe zu töten, die Kiemen zu durchtrennen, die Fische am Kopf aufzuhängen und die Eier durch vorsichtiges Aufschneiden der Leibeshöhle (ohne die inneren Organe zu verletzen) in einer Schüssel aufzufangen. Falls nicht alle Eier frei in der Leibeshöhle liegen, werden die verbleibenden reifen Eier vorsichtig mit der Hand aus der Ovarienhaut befreit. Diese reifen in der Schüssel gewöhnlich binnen 15-20 Minuten nach. Blut oder sonstige Verunreinigungen an den Eiern beeinträchtigen das Befruchtungsergebnis. Derartige Eier sollten getrennt erbrütet werden. Die Laichfische werden anschließend einer normalen Verwertung zugeführt.

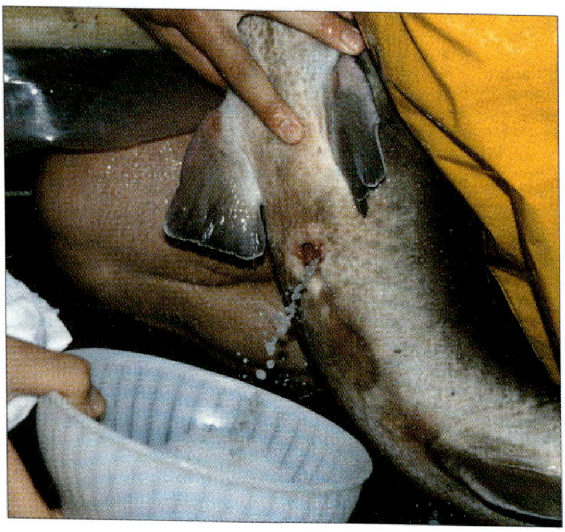

Abstreifen eines Störmilchners

Sollen die Störe weiter als Laichfische genützt werden,

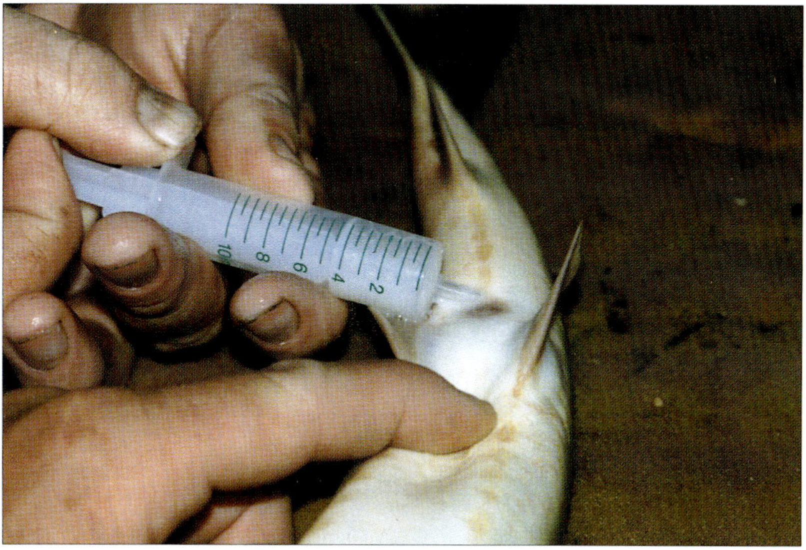

Spermaentnahme beim Sterlet

werden die Rogner betäubt (Betäubungsgrad 3). Durch einen 10-20 cm langen Schnitt an der Bauchseite, die vorher mit jodhaltigen Mitteln (z.B. Actomar K30) desinfiziert wurde, werden die reifen, lose in der Bauchhöhle liegenden Eier (erfahrungsgemäß 30-90%) mit einem Löffel entnommen. Die Wunde wird zusammengenäht bzw. zusammengeklammert und desinfiziert, und anschließend werden die Fische in ein großes Becken mit guten Wasser- und Sauerstoffverhältnissen zur Erholung gebracht. Die Laichfische überstehen diese Prozedur zu 80-90%, und die Wunden verheilen innerhalb von 2-4 Wochen relativ schnell.

Auch das Abstreifen ist möglich. Es können jedoch nicht alle Eier auf einmal abgestreift werden, da sie nicht gleichzeitig, sondern nur nach und nach in mehreren Stunden reifen. Daher muß öfter (ca. 5mal), im Abstand von 2-5 Stunden, durch leichten Druck auf den Bauch vor der Geschlechtsöffnung, gestreift werden, bis ein Großteil der Eier gewonnen ist. So können 10-25% des Körpergewichts an Eiern gewonnen werden.

Die Milchner können im Abstand von 1-3 Tagen mehrmals (bis zu 3mal) zur Spermaentnahme verwendet werden (siehe Abb. S 114).

Das Sperma wird (Vorsicht: Wasserkontakt vermeiden; Fische vorher mit Tüchern abtrocknen) bei den kleineren Arten durch Zurückbiegen des Schwanzstieles, bei den größeren mittels eines Katheders durch Absaugen

(siehe Abb. S. 115) unter Massage gewonnen. Man entnimmt das Sperma besser vor der Eigewinnung, und bewahrt es anschließend in Gläsern oder Spritzen kühl auf. Bei 4°C und ohne Wasser kann man Sperma ohne nennenswerte Qualitätseinbußen 2-6 Tage lagern bzw. in Thermosflaschen auf Eis transportieren. Gutes Sperma bleibt in reinem Sauerstoff über eine Woche befruchtungsfähig.
Bei den stark gefährdeten Arten wird das Sperma auch gefrierkonserviert (ähnlich wie bei den Salmoniden) – so ist es über Jahrzehnte haltbar. Die Befruchtungsraten sind bei gefrierkonserviertem Sperma jedoch etwas schlechter als bei frischem.

BEFRUCHTUNG

Zur Qualitätsbeurteilung des Spermas wird ein Tropfen Sperma mit Wasser verdünnt und unter dem Mikroskop auf die Bewegungsfähigkeit hin untersucht. Bei gutem Sperma sollten über 75% der Spermien 3-5 Minuten lang im Wasser eine Vorwärtsbewegung zeigen. Sicherheithalber kann man Sperma von 2 bis 3 Männchen für die Befruchtung verwenden.

Vermischen von Eiern und Sperma *Foto: Kahrs*

Für 1 kg Eier werden 10 ml Sperma im Verhältnis 1:200 mit Wasser verdünnt (um Polyspermie möglichst zu verhindern) und mit den Eiern ohne Ovarienflüssigkeit 1-3 Minuten bzw. bis die ersten Eier klebrig werden unter ständigem vorsichtigen Rühren vermischt. Anschließend werden die Eier sofort mit einer Schlammlösung (50 g trockener Schlamm mit einer Partikelgröße von 10-20 Mikron/l Wasser bzw. 0,5 l flüssiger Schlamm/kg Eier/5 l Wasser), die vorbereitet wurde 30-60 Minuten lang bzw. bis die Eier nicht mehr kleben, unter ständigem vorsichtigen Rühren entklebt. Auch Talkum oder Kartoffelstärke, im Verhältnis 1:2 mit Wasser vermischt, eignen sich sehr gut zum Entkleben der Eier. Eine Mechanisierung der Entklebung kann durch das Einfüllen der Schlammsuspension in Erbrütungstrichter bzw. Erbrütungsgläser erfolgen, wo durch Einblasen von Luft die Eier ständig in Bewegung gehalten werden, und so das ständige Rühren entfällt. Nach dem Entkleben werden die Eier in frischem Wasser gewaschen. Durch Messen und Zählen einer Probe (50 ml) und durch Umrechnen auf das Gesamtvolumen wird die Eimenge bestimmt und vorsichtig, meist nach Weibchen getrennt, in die Brutapparate gebracht. Die Befruchtungsrate beträgt normalerweise 80-90%.

ERBRÜTUNG

Die Erbrütung erfolgte in der UdSSR in sogenannten Jushchenko-Apparaten. Dabei handelt es sich um Metallkästen, in denen 2-3 kg Eier in Einsät-

In Rußland verwendete Stör-Erbrütungsapparate

zen (50 x 60 x 20 cm) liegen und mittels abfließenden Wassers durch eine Schiebervorrichtung unter den Einsätzen in rhythmischem Wechsel (ca. alle 10 sec.) bewegt werden.

Heute werden sogenannte Osetra-Apparate verwendet, in denen die Eier in schwimmenden Metallkästen auf Sieben liegen und mittels Kippeffekt durch das Zuflußwasser bewegt (untergetaucht) werden (siehe Abb. S. 117). Bei uns sind Zugergläser (siehe Abb. S. 119), in Amerika MacDonald-Gläser (bis 8 l Inhalt mit bis zu 5 l Eiern) oder ähnliche Systeme gebräuchlich, in denen die Eier von unten mittels eines Wasserstrahls in ständiger Bewegung gehalten werden. Die ersten 2-3 Tage wird der Wasserdurchsatz geringer gehalten, anschließend wird die Wassermenge erhöht, ohne daß die Eier herausgeschwemmt werden.

Die optimale Erbrütungstemperatur liegt bei ca. 15°C (siehe Tab. S. 126), die Wasserqualität sollte für Eier und Brut etwa der der Forellen entsprechen (Sauerstoffgehalt nicht unter 6 mg/l, und pH-Wert 6,5 – 8). Ab der Setzlingsgröße kann die Wasserqualität etwa der für Karpfen vorgesehenen entsprechen.

Zur Vorbeugung gegen Pilzbefall (*Saprolegnia*) wird Malachitgrün (5 ppm für 1/2 Stunde) eingesetzt, welches 1mal/Tag als Durchflußbad verabreicht wird. Man kann auch das Erbrütungswasser durch UV-Bestrahlung keimfrei halten.

Erbrütungsdauer der Eier bis Schlupfbeginn in Abhängigkeit von der Wassertemperatur

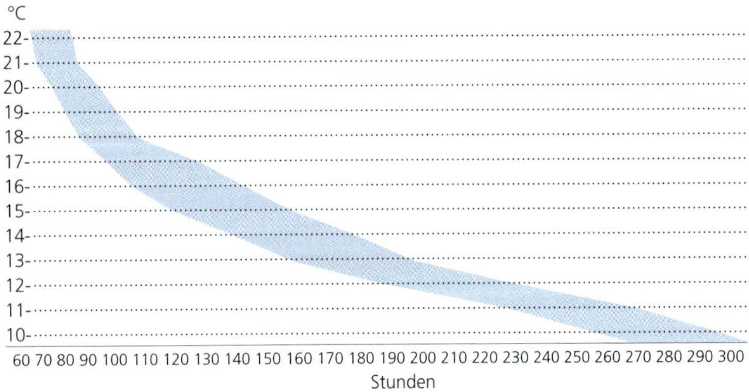

Modifiziert nach: Conte et al., 1988; Dettlaff et al., 1993; Holcik et al., 1989; Williot et al., 1991.

Zugergläser zur Erbrütung von Störeiern.

Die Eientwicklung bis zum Schlupf beträgt, je nach Störart und Temperatur, 90-130 Tagesgrade und ist bei höheren Temperaturen kürzer und bei niedrigeren Temperaturen länger (siehe Tab.). Der Schlupf, der fast immer mit dem Schwanz zuerst erfolgt, dauert 1-2 Tage. Nach weiteren 150-200 Tagesgraden beginnt die aktive Nahrungsaufnahme. Die Erbrütungsverluste betragen ca. 10-20% (siehe Tab. S. 120). Direkte Sonneneinstrahlung auf Eier und Brütlinge muß verhindert werden, da sonst die Verluste höher sind.

Nach dem Schlupf wandern die Störbrütlinge mit der Strömung aus den Erbrütungsgläsern und werden in einem Becken mit entsprechendem Sieb (Maschenweite ca. 1 mm) aufgefangen.

Die Brütlinge führen jetzt ständig Vertikalwanderungen durch: Sie schwimmen zur Oberfläche und gleiten wieder hinunter – bis zur Ruhephase, in der sie sich am Boden des Beckens an dunklen Stellen zusammendrängen. Anschließend füllen sie ihre Schwimmblase mit Luft und das freie Schwimmen beginnt, je nach Störart am Boden, im freien Wasser oder an der Oberfläche, wo sie dann zur aktiven Nahrungsaufnahme übergehen und mit dem Anfüttern begonnen werden muß.

Nach dem Schlüpfen können die Larven gut in Plastiksäcken mit Sauerstoffblase (im Verhältnis 80% Sauerstoff : 20% Wasser : 1% Brütlinge) über lange Strecken bei 15°C in isolierten Kartons transportiert werden.

Die Anpassung der Eier und Brütlinge an veränderte Wassertemperaturen muß langsam geschehen und sollte nicht mehr als 1-2°C/h betragen.

Mittlere Überlebensraten verschiedener Entwicklungsstadien

vom Ei an, bis:		von	auf:	
Befruchtung	90%	Ei	Befruchtung	90%
Schlupf	80%	Befruchtung	Schlupf	90%
freßfähig	65%	Schlupf	freßfähig	80%
Vorgestreckt	45%	freßfähig	vorgestreckt	70%
Einsömmerig	35%	vorgestreckt	einsömmerig	80%
Zweisömmerig	32%	einsömmerig	zweisömmerig	90%
ältere	30%	zweisömmerig	ältere	95%

AUFZUCHT

ANFÜTTERUNG

Für die Anfütterung stehen verschiedene Methoden zur Verfügung:

Die hauptsächlich in Rußland gebräuchliche Teichmethode:
Dazu werden am häufigsten Teiche von 0,1-1 ha Größe und einer Tiefe von 1 Meter mit wenig Wasserpflanzenbewuchs verwendet. Die Teiche werden sorgfältig gepflegt und mit organischem Dünger behandelt (1000-2000 kg Stallmist/ha), der entweder im Herbst in den Boden eingearbeitet wird oder im Frühjahr in Haufen verteilt wird oder mit anorganischem Dünger (200 kg Superphosphat/ha in mehreren Portionen) gedüngt (je nach Nährstoffgehalt, um eine gute Benthosentwicklung zu erreichen, die Chironomidendichte sollte 5-20 g/Quadratmeter, und die Zooplanktondichte 5-10 g/Kubikmeter betragen).
Fadenalgen (*Spirogyra*) sind tödlich für kleine Störe, da sie sich darin verfangen. Sie sollten daher im Falle des Auftretens wie andere Wasserpflan-

Überdachter Teich zum Vorstrecken von Löffelstören

zen kurzgehalten werden. Der Teich wird erst 10-14 Tage vor dem Brutbesatz gestaut, um eine vorzeitige Insektenlarvenentwicklung (Libellen und Wasserkäfer) zu verhindern. Fischfeinde wie Wasservögel sind ebenfalls fernzuhalten.
Die Besatzdichte beträgt 50.000-100.000 Stück freßfähige Brut/ha. Die Brut wird bis zum Erreichen der Freßfähigkeit in kleinen Netzkäfigen (20.000 Stück/m^2) im Teich gehalten. Zugefüttert wird im allgemeinen nicht, nach 30-60 Tagen bei einer Größe von 2-5 g kann abgefischt – und zur besseren Ausnutzung der Teiche noch einmal neu besetzt werden.
Die Abfischung erfolgt, um hohe Temperaturen zu vermeiden, besser in den frühen Morgenstunden oder an Regentagen. Geeignete Methoden sind mit Zugnetzen vor dem Mönch oder in der Abfischgrube hinter dem Mönch. Für genügend Frischwasserzufuhr ist zu sorgen.
Der Ertrag beträgt bei einer Überlebensrate von 30-50% ca. 100-200 kg/ha (Tab. S. 123). Diese Methode ist auch für den Löffelstör gut anwendbar (Zooplankton ist wichtig!). Besonders eignen sich dafür speziell überdachte Kleinteiche, die wie ein Gewächshaus funktionieren (siehe Abb. S 121).
Für die Teichpflege gelten die sonst üblichen Richtwerte der Teichwirtschaft.

Bruthaus für die Aufzucht von Stören in Rußland

Überlebensraten verschiedener Aufzuchtmethoden

von	auf	Teichmethode	Beckenmethode
Brut	1 g	40%	70%
Angefütterte	10 g	70%	80%
Vorgestreckte	100 g	80%	90%
Einsömmerige	1000 g	90%	95%
Zweisömmerige	3000 g	95%	98%

Modifiziert nach: Conte et al., 1988; Kozlov, 1993; Williot et al., 1991.

In der moderneren Fischwirtschaft verwendet man folgende Beckenmethode:
Am besten eignen sich Rundbecken verschiedener Größe aus Beton oder Polyester (2-4 m Durchmesser) oder Langstromrinnen (0,5-1 x 2-4 m,) mit einem Wasserstand von 20-40 cm, die mit gutem Wasser versorgt werden müssen (Wasserqualität wie für Forellen). Die optimale Wassertemperatur beträgt 15-18°C, und der Sauerstoffgehalt sollte beim Auslauf nicht unter 6 mg/l liegen.

Rundbeckenanlage für die Aufzucht von Stören in Ungarn

Die Besatzdichte beträgt 2000-5000 Stück/m^2. Kurz bevor der Dottersack aufgebraucht ist, wird mit dem Anfüttern begonnen (siehe Abb.). Für die erste Woche eignet sich lebendes Zooplankton (Copepoden und Cladoceren) am besten, das für die kleineren Störarten gesiebt wird bzw. junge Stadien, welche mittels Planktonnetzen oder Lichtfallen in Teichen oder Seen gefangen werden können. Steht kein lebendes Zooplankton zur Verfügung, kann mit gefrostetem Zooplankton (kontinuierlich über einen speziellen Frostfutterautomaten verabreicht) oder mit gezüchteten Salinenkrebschen (*Artemia salina*) – Nauplien angefüttert werden.
In der zweiten Woche bekommen die Jungfische weiterhin Zooplankton und zusätzlich fein geschnittene Enchytraen, Oligochäten oder Chironomiden, die gezüchtet oder aus Flußstauen (bis 200 g/m2) gefangen werden. In der dritten Woche wird Naßfutter (Teig) aus Kunstfutter und geschnittenen Oligochäten (*Tubifex*) verabreicht (siehe Abb. S 125). Die Tubifexmenge wird von 80% (anfangs) allmählich auf 40% reduziert (bei Löffelstören wird weiter mit Plankton gefüttert). In der vierten Woche wird die Tubifexmenge bis auf Null reduziert, und zusätzlich wird feines Trockenfuttergranulat (herkömmliches gutes Forellenfutter) zugefüttert bis schließlich ab der fünften Woche ausschließlich Trockenfutter gefüttert wird. Bei

Sterletlarven bei der Anfütterung

Naßfutter beträgt die tägliche Fütterungsrate 10-20% der Biomasse (auch freie Verfügung ist möglich), dabei wird alle 2-3 Stunden gefüttert. Mit Naßfutter (Teig) sollte nicht länger als nötig gefüttert werden, da eine erhebliche Wasserverunreinigung auftritt. Der Futterquotient bei der Verfütterung von Zooplankton, Tubifex oder Chironomiden beträgt 7-9. Wird zu früh auf Trockenfutter umgestellt bzw. ausschließlich Trockenfutter verabreicht (je nach Störart mit einer Futtergröße von 0,1-0,3 mm), wachsen die Störe meist stärker auseinander, und die Verluste sind größer.
Die Becken werden 2mal täglich von toten Fischen und Exkrementen gereinigt. Die Fütterung erfolgt anfangs besser per Hand, so kann schnell auf eventuelle Krankheiten (verändertes Verhalten) reagiert werden. Zur Krankheitsvorbeugung werden die Störe regelmäßig (1mal pro Woche) mit geeigneten Mitteln behandelt (siehe Tab. S. 135), da die Jungfische sehr empfindlich auf Bakterien und Parasiten reagieren. Bei zu starker Sonneneinstrahlung sollten die Becken abgeschattet werden.
Bei Erreichen einer Größe von 1-5 g werden die Fische in größere Rund- (4-6 m Durchmesser) oder Langstrombecken (1-2 x 4-8 m) gesetzt bzw. ausgedünnt, (siehe Tab. S. 126) und der Wasserstand wird auf 0,5-1 m gebracht. Das weitere Aufziehen kann in Teichen, Becken oder Netzgehegen unterschiedlicher Form und Größe erfolgen. Wegen der hohen Anfangsverluste

Störhybriden (Waxdick x Sterlet) beim Fressen von einem Tubifex/Teiggemisch

ist es besser, die Störe erst mit einer Größe von über 20 cm bzw. nach dem ersten Sommer in die Teiche zu setzen. Die optimale Wassertemperatur beträgt 18-24°C, und der Sauerstoffgehalt sollte nicht unter 5 mg/l liegen.

Maximale Besatzdichten je Quadratmeter, in Abhängigkeit von der Fischgröße, bei ausreichender Wasserversorgung

Fischgröße in Gramm	1	10	100	1000	10000
Besatzdichte in kg	5	10	20	40	80

Optimaltemperatur für verschiedene Entwicklungsstadien

Stadium	Wassertemperatur °C
Eier	14 – 16
Brütlinge	15 – 17
Vorgestreckte	16 – 18
Setzlinge	18 – 20
Speisefische	20 – 22
Laichfische	natürlicher Temperaturverlauf

Modifiziert nach: Holcik et al., 1989; Williot et al., 1991.

Adulte Störe vertragen im allgemeinen Wassertemperaturen von 1-30°C.

TEICHWIRTSCHAFT

Intensive Streckteiche, in denen die Störe bis zum Herbst von 1-5 g auf 50-150 g gezogen werden, haben gewöhnlich eine Größe von 0,2-2 ha und eine Tiefe von 1 Meter mit wenig Wasserpflanzen. Die Besatzdichte beträgt 15.000-30.000 Stück/ha. Erträge von 500-1000 kg/ha werden bei einer Überlebensrate von 70-80% erreicht.
Die Zufütterung mit Trockenfutter erfolgt über Futtertische (ca. 10 Stück/ha) und Futterautomaten. Falls nötig, wird am besten mit strö-

mungserzeugenden Belüftern (Injektorbelüftern) belüftet (Sauerstoff zwischen 5 und 6 Uhr in der Früh messen).
Bei extensiver Bewirtschaftung werden Teiche von 2-5 ha Größe und einer Tiefe bis zu 3 Metern verwendet. Die Besatzdichte beträgt 5000-10.000 Stück/ha (siehe auch Tab.).
Da der Karpfen ein starker Nahrungskonkurrent ist, sollte er nicht zusammen mit Stören ausgesetzt werden. Beim Löffelstör ist eine Polykultur mit anderen Störarten, Karpfen (*Cyprinus carpio*) oder, wie in Amerika, Katzenwelsen (*Ictalurus punctatus*) im Verhältnis 1:1 bis 1:2 möglich.

Besatzdichte für Teiche mit guter Benthosentwicklung

Besatzdichte	Stück je ha bei	Naturnahrung	Zufütterung
Brut		50.000	100.000
Vorgestreckte	á 10 g	10.000	20.000
Einsömmerige	à 100 g	1.000	3.000
Zweisömmerige	á 1000 g	300	1.000

Modifiziert nach: Dillard et al., 1986; Kozlov, 1993.

Belüftung eines intensiv genutzten Teiches mittels Schaufelradbelüfter

In Abwachsteichen mit einer Größe von 1-3 ha und einer Tiefe von 1-2 Metern werden im zweiten Jahr einsömmerige Störe von 50-150 g bei einer Besatzdichte von 2000-5000 Stück/ha auf 0,5-2 kg gebracht. Zugefüttert wird mit Trockenfutter über Futtertische und Futterautomaten. Bei Überlebensraten von 80-90% kann mit einem Ertrag von 1-3 t/ha gerechnet werden. Auch eine Polykultur mit gleich alten Gras- (100 Stück/ha) und Silberkarpfen (500 St/ha) sowie Löffelstören (300 St/ha) ist möglich. Zander oder Hechte können als Nebenfische ebenfalls zum Stör gesetzt werden. Das Wachstum der Störe ist bei intensiver Bewirtschaftung mit Trockenfutter wesentlich besser als bei extensiver.

Bei einer zu geringen Größe bzw. einer meistens größer benötigten Marktgröße werden die Störe ein weiteres Jahr in die Teiche ausgesetzt (1000-3000 Stück/ha) und auf ein Gewicht von 2-5 kg gebracht. Dabei sind Erträge von 2-5 t/ha in kleinen intensiv bewirtschafteten Teichen bis über 10 t/ha möglich. Belüftet wird (wenn nötig) mit strömungserzeugenden Belüftern.

Die Überwinterung kann in Winterteichen, Háltern oder Becken erfolgen. Die Winterungsverluste betragen bei Einsömmerigen (Stückgewicht nicht unter 20 g) bei einer Besatzdichte von 5-10 t/ha ca. 10%, bei Zweisömme-

Fließkanäle zur Speisestörproduktion in Italien

rigen bei einer Besatzdichte von 10-20 t/ha ca. 5% und ca. 2% bei älteren Stören bei einer Besatzdichte von 20-30 t/ha. Für ausreichende Sauerstoffversorgung bzw. wöchentliche Wassererneuerung ist zu sorgen.

WARMWASSERANLAGEN

Forderungen der Umweltgesetzgebung grenzen die natürlichen Möglichkeiten der Fischproduktion immer mehr ein. Bereits existierende Fischzuchtanlagen sehen sich mit Auflagen zur Reinigung der Fischabwässer konfrontiert. Aus diesen Gründen wird seit über einem Jahrzehnt die Entwicklung intensiver, wassersparender und umweltunabhängiger Verfahren der Fischproduktion vorangetrieben.
Die Fischproduktion im geschlossenen Wasserkreislauf (Kreislaufanlagen) ermöglicht eine stark räumliche Konzentration der Fische. Hier wird das Abwasser, welches mit den Stoffwechselprodukten der Fische organisch belastet ist, mittels biologischer und physikalischer Klärverfahren aufbereitet, mit Sauerstoff angereichert und zu über 90% wiederverwendet. Sol-

Warmwasseranlage an einem Kraftwerk in Rußland

che Kreislaufanlagen werden überwiegend in Gebäuden installiert, und die Kontrolle der Wassertemperatur erfolgt vorwiegend über die Raumtemperatur. Die Nachteile dieser Verfahren liegen zumeist bei den hohen technischen Anforderungen an Betreiber bzw. Personal und relativ hohen Betriebskosten. Die Vorteile liegen vor allem bei der standortunabhängigen Produktion (nahe beim Verbraucher) mit geringem Frischwassereinsatz sowie einer umweltunabhängigen Produktion. Verwendet werden können Becken jeder Art und Größe, gebräuchlich sind meist Langstrom- oder Rundbecken mit 5-50 Kubikmeter Inhalt.
Auch ein Teilkreislauf, wo bis zu 80% des Wassers nach einer mechanischen (und eventuell biologischen) Reinigung und Sauerstoffanreicherung wiederverwendet wird, ist möglich.
Wo Warmwasser (Abwärme) kostengünstig zur Verfügung steht, kann die Aufzucht gut in Becken oder Teichen erfolgen und die Störe wachsen das ganze Jahr über. Als sehr günstig erwiesen sich Rundstromteiche mit 4-12 m Breite, 20-60 m Länge und ca. 1 m Tiefe, die in Längsrichtung in der Mitte eine Trennwand besitzen, um die das Wasser (teilweise durch strömungserzeugende Belüfter) zirkulieren kann.

NETZGEHEGE

In Rußland erfolgt die Speisefischproduktion auch in Netzgehegen (siehe Abb. S. 131), sowohl im Süßwasser als auch im Brackwasser bzw. Meer (ausgenommen für die reinen Süßwasserarten), wobei einige Arten im Salzwasser bessere Wachstumsleistungen bringen.
Die Anpassung ans Meerwasser muß mit langsam steigendem Salinitätsgehalt im Lauf von ein bis zwei Wochen vorgenommen werden und kann je nach Störart, Lebensweise, Temperatur und Salinität zwischen 0,01 und 1 kg Körpergewicht erfolgen (Vorsichtshalber zunächst mit wenigen Fischen einen Test machen!). Bei zu geringen Stückgewichten bzw. zu geringer Anpassungszeit können über 20% Verluste auftreten. Einige Arten sind relativ empfindlich. Ein Salzgehalt von 5-10 ‰ wird von jungen Stören ab 10 g vertragen (z.B.: Hausen, Sternhausen, Sibirischer Stör), 10-20 ‰ von einjährigen Stören ab 100 g (z.B. Hausen, Sibirischer Stör, Kurznasenstör), und 20-30 ‰ von älteren Stören über 1 kg Stückgewicht (z.B. Hausen).

Netzgehegeanlage für die Speisestörproduktion

Die Netzgehege haben vorzugsweise eine Größe von 4 x 4 bis 6 x 6 Meter und eine Tiefe von 2-4 Meter (siehe Abb. S. 132). Die Maschenweite sollte bei Stören mit 10 g ca. 5 mm, mit 100 g ca. 10 mm und ab 1 kg ca. 20 mm betragen. Die Besatzdichte liegt bei Setzlingen bis 10 kg/m^2 und bei größeren bis 50 kg/m^2.
Gefüttert wird mit Futterautomaten über Futtertischen (1-4 m^2) aus feinmaschigem Netz, welche im unteren Drittel aufgespannt oder als Boden des Netzgeheges verwendet werden.

FÜTTERUNG

Um ein gutes Wachstum zu erreichen und hohe Futterkosten zu vermeiden, sollte extrudiertes Trockenfutter mit einem Rohproteingehalt von 40-42% und 10-18% Rohfett (20-22 kJ/g) verwendet werden. Das Futter sollte hauptsächlich aus tierischem Eiweiß (Fischmehl) und Fetten mit geringer Schmelztemperatur (Fischöle) sowie geringem Kohlenhydratgehalt bestehen. Die Fütterung kann sowohl tagsüber als auch nachts erfolgen und sollte für Setzlinge auf Tag und Nacht im Verhältnis 1:1 aufgeteilt werden (ausgenommen in Teichen). Die Futteraufnahme erfolgt über einen relativ langen Zeitraum, daher ist die Wasserstabilität des Futters wichtig. Am zweckmäßigsten ist eine Fütterung mit Futterautomaten, z.B. mit dem „Scharflinger"-Uhrwerkautomaten für Setzlinge (siehe Abb. S. 133) und dem Pendel- oder Elektronikautomaten für Speisefische. Für Teiche lassen sich Solarfutterautomaten über Futtertischen (5-10 Stück/ha) gut eingesetzen.

Partikelgröße des Trockenfutters in Abhängigkeit von der Fischgröße

Futtergröße in mm	0,2	0,6	1,2	2,0	3,0	5,0	7,0
Fischgröße in Gramm	0,1	1	10	100	500	900	3000

Waxdick im Netzgehege mit Pendelfutterautomat

Tägliche Trockenfuttermenge in % vom Besatzgewicht in Abhängigkeit von Wassertemperatur und Fischgröße

Temperatur °C		5	10	15	20	25
Fischgröße in g	-1		3,0	4,0	5,0	6,0
	1-5	0,8	2,5	3,0	4,0	4,5
	5-10	0,7	1,8	2,5	3,0	3,5
	10-50	0,6	1,5	2,0	2,5	3,0
	50-100	0,5	1,2	1,8	2,0	2,5
	100-500	0,4	0,9	1,3	1,5	2,0
	500-1000	0,3	0,6	0,8	1,0	1,2
	1000-5000	0,2	0,3	0,4	0,5	0,6

Unter 5°C sollte nicht mehr gefüttert werden, da das Futter bei diesen Temperaturen schlecht verdaut wird. Auch nicht bei Temperaturen über 25°C, da bei diesen fast immer zu wenig Sauerstoff für eine gute Verdauung zur Verfügung steht. Diese Futtermengen können etwas überschritten werden, wenn genügend Sauerstoff zur Verfügung steht (siehe Tab. S. 134), allerdings erhöht sich auch der Futterquotient. Er liegt je nach Wassertemperatur, Futterdarbietung und Nährstoffgehalt für Setzlinge normalerweise bei 1-2 und kann je nach Größe und Alter der Störe bis auf 2-3 ansteigen.

Uhrwerkautomaten in einer Teilkreislaufanlage

Zur besseren Sauerstoffverteilung sollte, falls nötig, mit strömungserzeugenden Belüftern belüftet werden, z.B. mit Injektorbelüftern für Teiche, Schaufelradbelüfter für Fließkanäle oder Mammutpumpen für Rundbecken. Die Ammoniumausscheidungen betragen je nach Gesamtzusammenstellung des Futters und Proteinverwertung ca. 2,3% des verabreichten Trockenfutters. 98% werden über die Kiemen und nur 2% über die Niere (Urin) ausgeschieden.

Temperaturabhängige Mindestsauerstoffwerte für

Wassertemperatur	**Routinestoffwechsel**		**Aktivitätsstoffwechsel**	
°C	Sättigung%	mg/l	Sättigung%	mg/l
10	30	3,4	47	5,3
15	38	3,8	59	5,9
20	45	4,1	70	6,2
25	53	4,4	82	6,7

Sauerstoffverbrauch in mg/kg/h
bei normalem Aktivitätsstoffwechsel
in Abhängigkeit von Fischgewicht und Wassertemperatur

Fischgewicht in Gramm ca.		5	10	50	200	750	1700
Temperatur °C	10	165	146	108	84	55	55
	15	241	212	158	122	80	80
	20	376	331	246	191	125	125
	25	542	477	355	275	180	180

Bei einer Wassertemperatur von 21°C und einer Sauerstoffsättigung von nur 60% wachsen Störe um ca. 20% schlechter und bei einer Sauerstoffsättigung von nur 48% um rund 40% schlechter als bei 100% Sauerstoffsättigung. Sauerstoffsättigungen unter 20% (über 20°C) führen bei gefütterten adulten Stören gewöhnlich zum Tod, da die Störe nicht wie der Karpfen zur Notatmung übergehen.
Das Sortieren der Setzlinge sollte das erste Mal spätestens bei einem Gewicht von 5-10 g und nach jeder Abfischung bzw. je nach Wachstum alle 3-6 Monate erfolgen. Am zweckmäßigsten haben sich die in der Teichwirtschaft gebräuchlichen Sortiertische erwiesen (siehe Abb. S. 135). Innerhalb

einer Größenklasse sollten die Unterschiede nicht mehr als 20% nach oben und unten betragen.

KRANKHEITSBEHANDLUNG

Erreger	Medikament	Konzentration	Behandlungsdauer
Bakterien	**Antibiotika**		
Flexibakterien	Oxytetracyclin	10-15 g/100 kg Futter	10 Tage
Pseudomonaden	Furazolidon	20 g/100 kg Futter	10 Tage
Aeromonaden	Aureomycin	20 g/100 kg Futter	10 Tage
Ektoparasiten			
Einzeller	Salz	0,5 – 1,5%	eine Stunde
	Chloramin T	10 – 20 ppm	eine Stunde
	Formalin	200 ppm	eine Stunde
	Acriflavin	10 ppm	10 Stunden
	Methylenblau	5 ppm	eine Stunde
	Malachitgrün	0,2 ppm	12 Stunden
Krebse, Egel	Masoten	0,5 ppm	12 Stunden
Endoparasiten			
Bandwürmer	Mansonil	500 g/100 kg Futter	drei Tage
Kratzer	Butyl-Zinnoxid	25 g/100 kg Futter	zweimal für vier Tage

Abkürzungen: **ppm** = **p**art **p**er **m**illion (Teil pro Million) = 1 g bzw. 1 ml/Kubikmeter bzw. 1000 l

Sortiertisch für Setzlinge

Durch Mycobakterien erkrankter Waxdick

Da Störe oft von denselben Parasiten wie andere Nutzfische befallen werden, können die üblichen Behandlungsmethoden weitgehend angewendet werden (siehe Tab. S. 135). Bei der Verwendung von Chemikalien oder Medikamenten sollte man zur Vorsicht erst einen Test mit einer kleinen Menge (10 Stück) machen. Bei größeren Krankheitsproblemen sollte man den Fischgesundheitsdienst um Rat fragen bzw. einige Lebendfische zur Untersuchung einschicken. Einige Medikamente sind ohnedies nur über den Tierarzt (verschreibungspflichtig) erhältlich.

TRANSPORT

Eier und Brut können sehr gut in Plastiksäcken mit Wasser und Sauerstoffblase über weite Strecken transportiert werden (siehe Tab.). Bei der Versendung per Luftfracht verwendet man Kisten aus Styropor oder isolierte Kartons, in denen die mit Sauerstoff prall gefüllten Säcke gelegt werden, um Temperaturschwankungen zu minimieren.

Transportmenge im Plastiksack
je 10 Liter Wasser und 20 Liter Sauerstoff
bei einer Temperatur von ca. 15°C
(in Abhängigkeit von Fischgröße und Transportdauer)

Transportdauer in Stunden		12	24	36	48
Körpergewicht in Gramm		zu **Transportmenge** in Gramm			
Eier		300	250	200	150
Brut	0,03	150	120	100	80
Angefütterte	0,2	120	100	80	60
Vorgestreckte	1,0	350	200	150	100
Setzlinge	5,0	400	300	200	150

Setzlinge und Speisefische werden am zweckmäßigsten in den üblichen Transportbehältern aus Polyester mit Sauerstoffversorgung (siehe Tab.) befördert. Für weitere Transporte nimmt man am besten weiße, isolierte, da sie sich nicht so schnell wie dunkle erwärmen. Das Be- und Entladen sollte so behutsam als möglich vorgenommen werden, da sich die Störe mit ihren Knochenplatten oft gegenseitig verletzen.
Für den Transport werden die Fische vorher gehältert und je nach Transportdauer und Fischgröße ein bis drei Tage nicht mehr gefüttert, um die Ausscheidungen während des Transportes geringer zu halten. Bei Transporten über 15 Stunden ist ein Wasserwechsel notwendig. Die Transportdichte ist wesentlich von der Fischgröße und der Wassertemperatur abhängig (siehe Tab.).
Der Löffelstör ist sehr empfindlich beim Transport. Er muß ständig schwimmen können und sollte daher in möglichst großen Behältern, bei geringer Transportdichte (max. 1:10) nicht zu lange transportiert werden.

Fischmenge zu Transportwasser
in Abhängigkeit von der Fischgröße und Wassertemperatur
bei einer Transportdauer bis zu 15 Stunden
und ausreichender Sauerstoffversorgung

Körpergewicht in Gramm		1	10	100	1000	10000
Wassertemperatur	10°C	1:20	1:15	1:10	1:5	1:2
	20°C	1:50	1:30	1:20	1:9	1:5

Für den schonenden, einfachen, innerbetrieblichen Transport haben sich die auf den Hubstapler montierbaren Behälter sehr bewährt (siehe Abb.). Das Entladen erfolgt durch Heben und Nachvorne- kippen des Behälters, das Entlassen der Fische über eine Schlauchbremse.

Innerbetrieblicher Transportbehälter für den Hubstapler

ZUCHTPOTENTIAL

In der Störzucht steht noch ein großes Potential zur Verfügung, da diese noch nicht selektiert wurden wie andere Nutzfische. Es ist zu erwarten, daß sich Wachstum, Futterverwertung, Anpassung usw. noch erheblich verbessern lassen.
Verschiedene Vermehrungsversuche, bei denen die Eier eines Weibchens separat mit Sperma von verschiedenen Männchen befruchtet wurden, zeigten, daß diese Nachkommensgruppen unterschiedlich abwuchsen.

Für die Erzeugung ausschließlich weiblicher Fische (diese wachsen ab Erreichen der Geschlechtsreife schneller als männliche sowie zur Kaviarproduktion) wendet man die (diploide) Gynogenese an. Hierbei wird mit UV-Strahlen das männliche Genom in den Spermien abgetötet, die Spermien bleiben jedoch bewegungsfähig, und die Befruchtung erfolgt. Eine Temperatur-Schockbehandlung der befruchteten Eier veranlaßt den Erhalt der Diploidie des weiblichen Erbguts. Nun entstehen nur weibliche Nachkommen mit weiblichem Erbgut, die eine große Erbgleichheit (Homozygotie) mit der Mutter haben. Mit Hilfe von Methyl-Testosteron wird ein Teil dieser Weibchen in phänotypische Männchen verwandelt. Da nun den geschlechtsumgekehrten Weibchen das Y-Chromosom fehlt, können mit diesem nur weibliche Fische erzeugt werden.
Es wäre auch möglich, die Zeit bis zur Erreichung der Geschlechtsreife durch Steuerung der Licht- und Temperaturverhältnisse auf bis zu ein Drittel zu verkürzen.
Zur Frage, welche Störart optimal für die Aquakultur wäre, können nur grundsätzliche Empfehlungen gegeben werden, die Entscheidung wird letztlich der Fischzüchter selbst treffen müssen. Die einzelnen Arten unterscheiden sich unter Aquakulturbedingungen schon im Anfangswachstum deutlich voneinander (siehe Tab. S. 140).
Störe, die ursprünglich nicht heimisch waren oder Hybriden sollten nicht in freie Gewässer ausgesetzt werden, da es zu einer Faunaverfälschung kommen könnte. In fast allen Gebieten bzw. Flußsystemen Europas ist die Wiedereinbürgerung bzw. Erhaltung der dort heimischen Arten geplant. Durch solche Besatzmaßnahmen könnten die heimischen Arten verdrängt werden oder sich mit fremden Arten kreuzen. In den meisten Ländern ist eine Genehmigung für den Besatz erforderlich. Da nicht ausgeschlossen werden kann, daß einige Fische entweichen, sollten nur solche Störarten

verwendet werden, die in dem betreffenden Gebiet (Flußsystem) heimisch sind bzw. waren.
Auf Hybriden sollte verzichtet werden. Vor allem aus Rußland werden nur Hybriden angeboten, um eine Lieferabhängigkeit zu schaffen. Man erwartet sich von den Hybriden ein besseres Wachstum, sie wachsen jedoch erfahrungsgemäß schlechter und auch stärker auseinander als die reinen Ausgangsarten. Man erreicht nur den Durchschnitt der beiden Elternarten, sodaß für die Aquakultur mehr und mehr die reinen Arten verwendet werden. Die meisten Hybriden sind steril, und die fertilen Störhybriden spalten sich in der F_2-Generation wieder teilweise in die Ausgangsarten auf, sodaß eine sinnvolle Selektion der Laichfische nicht möglich ist.

Durchschnittliches Jungfischwachstum unter Aquakulturbedingungen bei 15-20°C

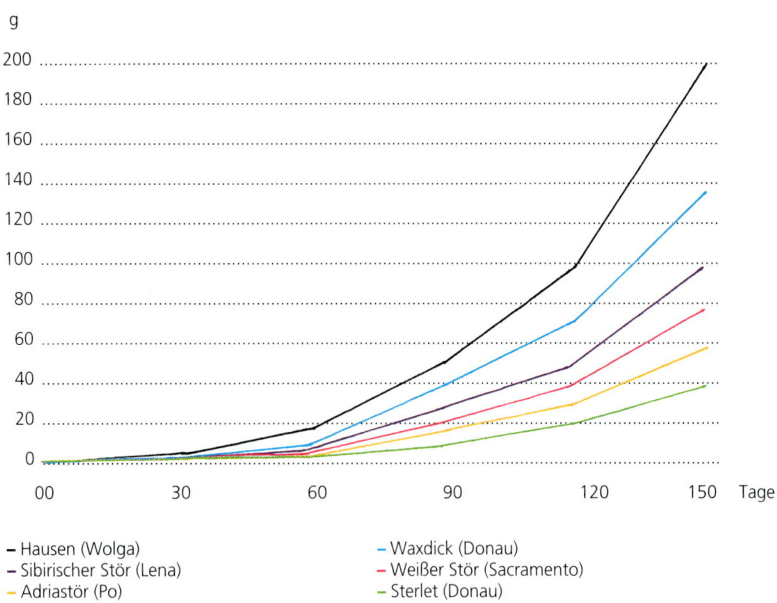

Modifiziert nach: Hochleithner, 1993; Monaco et al., 1981; Williot et al., 1991.

Der Hausen ist bereits ab dem Larvenstadium kannibalistisch. Das erschwert die Aufzucht und verursacht höhere Verluste . Ab einer Größe von 5-10 cm kann er jedoch problemlos und ausschließlich mit Trockenfutter gefüttert werden. Er wächst am besten von allen europäischen Störarten.

Der Adriastör ist sehr schwierig an Trockenfutter zu gewöhnen. Wenn er jedoch zu fressen beginnt, wächst er sehr gut und problemlos, im Wachstum überholt er später den Sibirischen Stör.

Der Waxdick ist leichter mit Trockenfutter aufzuziehen, wächst auch sehr gut, hat aber gelbliches Fleisch, was vom Konsumenten nicht besonders geschätzt wird.

Der Sibirische Stör ist sehr gut mit Trockenfutter aufzuziehen. Er wächst rasch bis zu einem Gewicht von 2-3 kg, später jedoch wesentlich langsamer.

Der Sternhausen ist schwierig mit Trockenfutter zu füttern und wächst relativ schlecht.

Der Sterlet bleibt klein und wächst dementsprechend langsam, er ist daher für die Speisefischproduktion kaum interessant.

Da beim Weißen Stör in Amerika Virusinfektionen auftreten und noch nicht sicher ist, ob nicht auch andere Störarten infiziert werden könnten, sollte von Importen dringend Abstand genommen werden.

Durch Kannibalismus abgebissene Schwanzflosse (Hausen)

Der Löffelstör ist eine gute Alternative für die Teichwirtschaft, er wächst sehr gut und schnell ab. Da er, wie der Marmorkarpfen, ein reiner Planktonfresser ist, eignet er sich vor allem für die Polykultur mit anderen Störarten oder Karpfen.

VERMARKTUNG

Bei der Vermarktung der Speisefische sollte sehr behutsam vorgegangen werden, weil der Markt bzw. die Nachfrage nach Stör derzeit noch sehr klein ist und der Konsument den Stör inzwischen vergessen hat. Er ist in Mitteleuropa so gut wie ausgestorben.
Es zeigte sich jedoch, daß der Stör recht gute Chancen am Markt hat (grätenlos, Fleischqualität, Name) – letztendlich wird die Vermarktung entscheiden, welchen Stellenwert er wieder erreicht. Wegen der höheren Fleischausbeute sollten die Speisestöre ca. 7 kg (5-10 kg) aufweisen und filetiert angeboten werden. Die größte Nachfrage besteht bei geräucherten Filets.

Ausstellung zur Förderung des Setzlingabsatzes

Auch für den Besatz in Angelparks lassen sich in einigen Ländern gute Absätze erzielen, eine beliebte Größe sind Störe mit 2-3 kg. Bei den Setzlingen besteht für einige Arten reges Interesse bei Fischzüchtern, vor allem bei Betreibern von Warmwasseranlagen. Aber auch als Nebenfische in der Teichwirtschaft lassen sich Störsetzlinge absetzen, gängige Größen sind 10-15 cm oder 20-30 cm.
Einige wenige Arten können auch für den Wiederbesatz der Flüsse produziert werden, optimale Besatzgrößen sind Vorgestreckte mit 5-10 cm oder ein- bis zweisömmerige Setzlinge mit 30-50 cm.
Im Wachstum zurückgebliebene bzw. kleine Setzlinge mit 5-8 cm finden guten Absatz bei Zierfischgroßhändlern.
Eine gewisse Bedeutung könnte in Zukunft auch die Kaviarproduktion bekommen – vor allem die Erzeugung guter (frischer) Qualitäten, die direkt vermarktet werden könnten.

FISCHEREI

Früher hatten die Störe eine große wirtschaftliche Bedeutung. Der Störfang wurde an der Donau schon 3500 vor Christus ausgeübt, vorwiegend mit Harpunen und Klausuren (Holzzäune).
Zu Beginn unserer Zeitrechnung gab es bei den Griechen keine Festtafel ohne den Stör. Sie schmückten den Fisch mit Blumen und verehrten den Stör so sehr, daß sie ihn sogar auf Goldstücken abbildeten.
An der Wolga ist die Störfischerei seit dem 2. Jahrhundert dokumentiert. Im 15. und 16. Jahrhundert erfolgte der Fang nur in den Flüssen, später auch im Mündungsbereich und im 19. Jahrhundert sogar im Meer.
Bereits ab Mitte des 19. Jahrhunderts warnten einige Biologen vor der Ausbeutung und dem Rückgang der Störbestände.
Ende des 19. Jahrhunderts gingen die Störfänge weltweit stark zurück, die Hauptursachen waren:

* **Überfischung:**	Fang zur Laichzeit
* **Küstenfischerei:**	Jungfischfang, Beifang
* **Gewässerverbauung:**	Verringerung der Laichgebiete
* **Gewässerverschmutzung:**	Schädigung der Larvenentwicklung
* **Schiffahrt und Kiesabbau:**	Vernichtung der Laichplätze

Die Störpopulationen sind in fast allen Gebieten ihrer Verbreitung stark überfischt und in ihrem Bestand gefährdet. Viele Flüsse sind durch die Uferverbauung begradigt und kanalisiert worden. Die Gewässerverschmutzung durch Chemikalien, Schwermetalle, Pestizide und Öle schädigen die Jungfischentwicklung (siehe Abb. S 146). Heute stehen an fast allen größeren Flüssen Kraftwerke und Staumauern, die die Laichwanderung stark einschränken und die gesamten Laichgebiete um ca. 80% verringern. Bei manchen Kraftwerken befinden sich zwar Fischpässe, wegen der Fischgröße und Konstruktion nehmen aber nur 15-20% der Störe diese an.
Die Bestandserhaltung erfolgt heute großteils durch die künstliche Vermehrung. In der GUS werden in 28 Störzuchtanlagen die Brütlinge in Teichen und Becken in 4-6 Wochen auf 1-3 Gramm vorgestreckt und mit Spezialschiffen an den Laichplätzen oder im Mündungsbereich bzw. Flußdelta ausgesetzt. In der GUS werden jährlich ca. 120 Millionen Satzfische in den Flüssen ausgesetzt, 90 Millionen davon im Kaspischen Meer (70 Millionen

Waxdick, Gemälde Öl auf Holz (Größe 148 x 40 cm), die Inschrift darüber lautet:

„Anno 1616
Diser Gestallt vnd grösse haben Jer furstlich durch
leicht Ertzhertz zog Leoboltus Jerer hochfre. Gnatten
Marx Sitichen ErtzBischofuen zu Saltzburg Einen
lebentigen Visch verehrt und gen hellPrun JberAnndt
wordten lassen“.

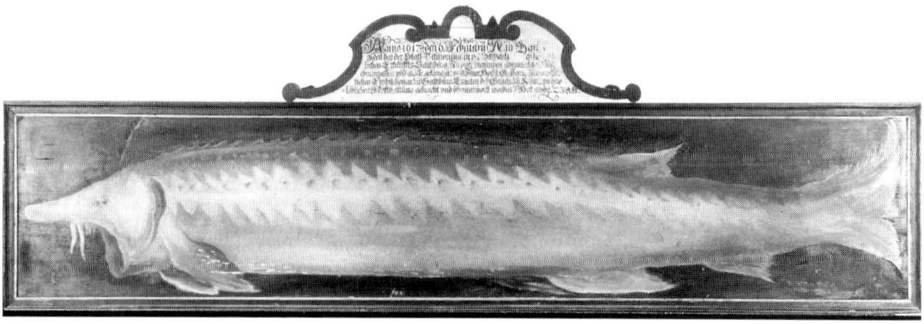

Hausen, Gemälde Öl auf Holz (Größe 360 x 65,5 cm), die leider nicht mehr vollständig lesbare Inschrift darüber lautet:

„Anno 1617 den 6. February Ain Halbe
Meil bey der Statt Titmoning in der Saltzach ...
lichen Ertzstiffts Saltzburg. Ist diser hierunden abconterfeter Visch
ebnermassen und grösse, gefangen und Ihrer Hochf. G. Herrn Marx
Sittichen Ertzbischouen zu Saltzburg Legaten deß Stuels zu Rom. zu dero
löblichen Hoffhaltung gebracht und überantwortt worden.
Hat gwög. 237 Pfund.“

Die beiden Ölgemälde von Stören eines unbekannten Malers, die zum Schloß Hellbrunn bei Salzburg gehören, befinden sich heute noch im ersten Jagdzimmer. Offensichtlich fand der damalige Erzbischof Markus Sittikus an den großen Stören so viel Gefallen, daß er sie im Bilde festhalten ließ.

Fotos: Baumann, Archiv Fischerzunft Würzburg

davon in der Wolga) und ca. 30 Millionen im Asowschen Meer. Das Verhältnis Aufzucht- und Fangaufwand zu Erlös des verarbeiteten Störs beträgt in Rußland ca. 1:100.

Die Überlebensrate der ausgesetzten Jungfische nach dem ersten Sommer beträgt etwa 5-17% bzw. die Rückfangquote nach einigen Jahren etwa 1-3%, was etwa dem Zehnfachen der natürlichen Überlebensrate entspricht. 35-40% der jährlichen Störfänge im Kaspischen Meer und ca. 85% im Asowschen Meer stammen bereits aus Besatzmaterial.

Die Störe wandern wieder überwiegend in dieselben Gewässer zurück, in denen sie geschlüpft sind bzw. ausgesetzt wurden.

In der früheren UdSSR wurde Ende des 19. beziehungsweise Anfang des 20. Jahrhunderts ein Mindestmaß und Schonzeiten eingeführt.

An den Laich- und Winterungsplätzen bestehen heute Fangverbote.

Gewässerverschmutzung durch die Papierindustrie (Elbezufluß)

Im ehemals sowjetischen Teil des Kaspischen Meeres galt seit den sechziger Jahren ein Fangverbot für Störe. Der Fang erfolgte hier fast nur in den Flüssen, ausgenommen im Iran, wo man fast ausschließlich im Meer fängt. Seit dem Zerfall der UdSSR fischen die ans Kaspische Meer angrenzenden Länder selbständig Störe, was den Rückgang der Störpopulation stark beschleunigt.

Der Fang erfolgt heute vor allem durch Zug-, Treib- und Kiemennetze, verschiedene Reusen, Senken, Leg- und Fangleinen und durch die Sportfischerei.

In Rußland werden die Störe bei ihrer Wanderung zu den Laichplätzen meist mit 250 m langen, sacklosen, 15 m hohen Zugnetzen, die mit Booten quer zur Strömung ausgelegt und über ein Windensystem eingeholt werden, gefangen.

Im Kaspischen Meer (Iran) geschieht dies vor allem mit großen Kiemennetzen (siehe Abb. S. 148). Die Störe gehen sehr leicht in die Stellnetze.

An der Donau und in China erfolgt der Fang oft mit bis zu 120 m langen Fangleinen, die quer über den Fluß verankert und mit Schwimmern über dem Boden gehalten werden (siehe Abb. S. 150). Alle 0,3 bis 1 m befindet sich an einer 0,3 bis 1,2 m langen Seitenschnur ein großer, meist unbeköderter Haken, an dem sich die Störe vorwiegend im Schwanzbereich, seltener

Störfischer mit Hausen aus der Wolga

Foto: Zauner

Zugnetzfischerei an der Wolga Foto: Zauner

Netzfischerei am Kaspischen Meer Foto: Ruoss

am Bauch oder Rücken, verhaken. Die Leinen bleiben meist die ganze Saison im Fluß und werden alle 2-3 Tage kontrolliert.
In Norddeutschland wurde früher vor allem mit dem Pümpelgarn gefischt (große einwandige Stellnetze ohne Bleileine mit zahlreichen kegelförmigen Holzschwimmern, die das Netz über dem Grund schweben ließen). Ende des 19. Jahrhunderts (1882-1891) wurden in Deutschland Versuche zur künstlichen Erbrütung unternommen, die aber ohne großen Erfolg blieben.
In Nordamerika wurden Ende des 19. Jahrhunderts an der Ostküste jährlich durchschnittlich ca. 6750 t gefangen, an der Westküste ca. 4500 t und im Binnenland ca. 3600 t.
Der jährliche Weltstörfang hat seit Ende des 19. Jahrhunderts um 80-90% abgenommen und beträgt derzeit (1970 bis 1990) ca. 25.500 t, wobei sich der Anteil etwa wie folgt aufteilt:

Anteil am Weltstörfang

nach Meere m. Flüssen:	nach Gebieten:	nach Arten:
90% Kaspisches Meer	88% GUS	45% Waxdick
4% Asowsches Meer	7% Iran	35% Sternhausen
2% Pazifikküsten	2% USA	10% Hausen
2% Atlantikküsten	1% Kanada	1% Glattdick
1% Schwarzes Meer	1% China	1% Löffelstör
1% andere Meere	1% andere	8% andere

Durchschnittlich 20% des Körpergewichts der Weibchen ist Rogen (Kaviar), was etwa 10% des Gesamtfangs entsprechen würde.
Die GUS produziert ca. 1300 t Kaviar/Jahr, wovon nur rund 10% in den offiziellen Export gehen, der Rest verbleibt im Land oder geht in den Schwarzmarkt. Im Iran werden ca. 200 t/Jahr erzeugt, wovon fast 100% in den Export gehen. Es gibt allerdings Hinweise, daß auch russischer Kaviar in Rußland als iranischer Kaviar verpackt und als solcher verkauft wird. Die USA produziert ca. 30 t/Jahr und China ca. 20 t/Jahr, die allerdings meist im Land verbleiben.
Die Hauptimporteure sind die USA, Schweiz, Frankreich und Deutschland. Hauptabnehmer sind vor allem die Fluggesellschaften mit ca. 100 t/Jahr und die Schiffahrtslinien mit ca. 50 t/Jahr.

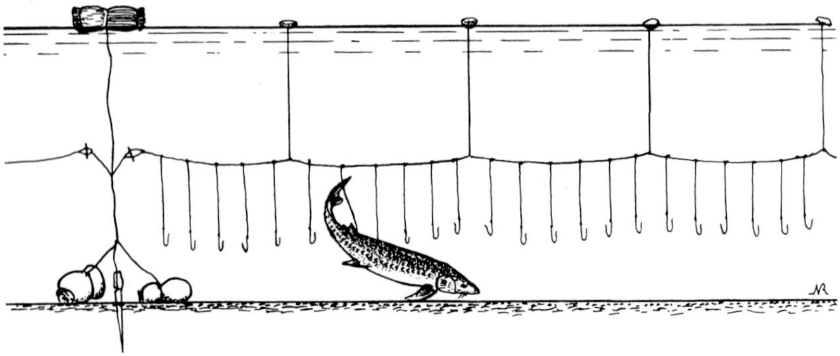

An der Donau und in China gebräuchliche Fang- bzw. Legeleinen zum Fang der wandernden Störe.
Nach: Roussow

Jährliche Weltstörfänge (in 1000 Tonnen)
von 1958 bis 1993: (Nach: FAO, 1961-1991)

VERARBEITUNG

KAVIAR

Zur Herstellung des Kaviars werden die weiblichen Störe getötet, gewaschen, aufgeschnitten und die Eierstöcke (Ovarien), die 10-30% des Gesamtgewichts ausmachen, entnommen. Die in handliche Partien geteilten Ovarien werden nun durch ein Sieb mit 4-6 mm Maschenweite gerieben, sodaß sich die Eier aus dem Ovariengewebe lösen (siehe Abb.). Anschließend werden die Eier in leichtem Salzwasser gewaschen und mit 1-3%, oft bis zu 5% Salz gesalzen, für einige Zeit verrührt, und die überschüssige Flüssigkeit abgesiebt. Dann werden die Eier in Stülpdeckeldosen zu je 1,8 kg abgefüllt und mit einem breiten Gummiband luftdicht verschlossen.
Es wird auch Preßkaviar hergestellt (in warmem Salzwasser gewaschener und anschließend in Leinentüchern gepreßter Kaviar), der in 30 bis 80 kg großen Holzfässern verpackt wird.
Man ist auch bemüht, von gezüchteten Stören Kaviar zu gewinnen und Anfang der neunziger Jahre ist dies in Europa erstmals gelungen. Hierbei kommt in Zukunft der Erzeugung von nur weiblichen Stören besondere Bedeutung zu.

Kaviarverarbeitung *Foto: Zauner*

Die Lagerung des Kaviars sollte bei einer möglichst konstanten Temperatur von – 2° bis + 2°C erfolgen. Bei längerer Lagerung müssen die Dosen mehrmals umgedreht werden, damit die Flüssigkeit wieder von oben nach unten durchsickern kann. Ein Herausdrücken von Flüssigkeit beim Gummiband ist normal.
Originalverpackter, frischer Kaviar ist gekühlt bis zu einem Monat haltbar. Einmal geöffnet, verringert sich die Haltbarkeit schnell, denn Kaviar ist luftempfindlich und sollte nach der Öffnung rasch (binnen 1 Woche) verbraucht oder in kleinere Gefäße (möglichst ohne Luft) umgepackt werden. Die originalverpackten 1,8 kg Dosen werden im Verbraucherland fachmännisch umgepackt, z.B. in 50 g Ringpulldosen oder Gläser und teilweise pasteurisiert. Pasteurisierter Kaviar ist dann bis zu einem Jahr haltbar.
Der Kaviar hat einen Anteil von ca. 58% Wasser, 25% Eiweiß, 12% Fett und weist einen Nährwert von ca. 250 kcal/100 g auf.
Das Fleisch hat einen Anteil von ca. 70% Wasser, 18% Eiweiß, 10% Fett, 1,5% Asche und 150 – 180 kcal/100 g.
Neben dem Kaviar, der in der Sage und in der Politik eine gewisse Rolle spielte und auch als Währung verwendet wurde, nutzte man früher auch die Schwimmblase und die Knochen. Die Schwimmblase wurde aufgeschnitten, in Salzwasser gewaschen, getrocknet und zu Fischleim oder Gelatine verarbeitet sowie zum Klären von Wein und Bier verwendet. Das Eingeweidefett wurde zu Speiseöl verarbeitet, das unter anderem für die Konservenfabrikation verwendet wurde. Die Knochen und die Rückensaite wurden getrocknet und zur Zubereitung (Binden) von Fischsuppen und Fleischpasteten verwendet.
In Nordamerika wurde früher, in der GUS heute noch, die Haut der Störe zu Leder gegerbt.
Das Fleisch wird frisch verarbeitet (gekocht, gebraten usw., siehe Rezepte) oder in Holzbottichen eingesalzen und auf Gestellen getrocknet (Balyk).
Wenn man den Stör kurz (2-3 Minuten) in kochendes Wasser taucht, lassen sich die Knochenplatten mit einem Messer leichter entfernen. Für die Verarbeitung in der Küche ist es besser, den Stör vorher zu häuten oder zu filetieren.

Trockensalzung: Das Filet wird mit der Hautseite auf ein Salzbett gelegt und mit der Hand auf der Fleischseite nachgesalzen (ca. 3% wie Lachs). Zum Einsalzen soll man nur Speisesalz (kein Pökelsalz) verwenden. Anschließend kommen die Filets für 6-12 Stunden bei 2-4°C in den Kühlraum. Dann wird das überschüssige Salz abgewaschen, das Filet getrocknet und geräuchert.

Auch das Salzen mittels automatischem Injektionsverfahren mit Salzlake ist möglich (auch für die Erzeugung von gebeiztem Stör).

Naßsalzung: 5-10%ige Salzlösung, eventuell mit Gewürzen (Lorbeer, Wacholder, Pfeffer) aufkochen und abkühlen lassen. 1 Teil Fisch mit 1 Teil Salzlösung in einer Plastikwanne für ca. 12 Stunden einsalzen (Fische müssen vollkommen mit Lake überdeckt sein, eventuell mit Deckel beschweren). Anschließend die Fische gut waschen (der Schleim muß restlos entfernt sein) und vortrocknen. Die Salzlake soll man nur einmal verwenden.

Kalträuchern: Dazu werden Störe (mit über 7 kg Lebendgewicht, da die Fleischausbeute höher ist) filetiert (siehe Abb.), von Sehnen und Knorpeln befreit und meist trocken eingesalzen. Geräuchert werden die Filets auf

Störfiletierung Foto: Ruoss

Rosten, je nach Rauchintensität und gewünschtem Geschmack 6-24 Stunden bei einer Temperatur von 20-30°C mit Buchen- oder Eichenspänen. Bei der Verarbeitung ist besondere Hygiene notwendig!

Warmräuchern: Dazu werden die Störe filetiert (kleine Störe auch im Ganzen), vorwiegend naß eingesalzen, anschließend gründlich mit Trinkwasser gewaschen und in der Luft oder im Ofen vorgetrocknet. Die vorbereiteten Fische werden in den schon vorgeheizten Ofen eingelegt oder gehängt. Zuerst gart man die Fische mit Hitze, bei anfangs keiner bis nur geringer Rauchentwicklung, bei 120-150°C. Die Kerntemperatur im Fischfleisch muß mindestens 15 Minuten lang bei über 80°C liegen. Diese wird nach 30-60 Minuten (je nach Räucheranlage und Fischgröße) erreicht. Anschließend wird die Temperatur des Räucherofens auf 40-60°C reduziert und mit Buchen- oder Eichenholz weitere 30-60 Minuten geräuchert.

Verpackung: Nach dem Räuchern werden die Fische rasch abgekühlt und 6-12 Stunden zum Durchziehen in den Kühlraum gelegt.

Für die längere Haltbarkeit können die Filets vakuumverpackt werden. Gemäß Kennzeichnungsverordnung muß der Hersteller von verpackten Fischerzeugnissen seine Ware wie folgt auszeichnen, wenn er diese in den Handel bringt:

1.) Verkehrsbezeichnung: Art des Lebensmittels: (Stör)
    Art der Fischteile: (Filet)
    Art der Herstellung: (geräuchert)
2.) Name und Anschrift des Herstellers
3.) Verzeichnis der Zutaten (Speisesalz, Gewürze, Buchenrauch)
4.) Mindesthaltbarkeitsdatum:
    Datum, bis zu dem das Lebensmittel seine spezifische Eigenschaft besitzt (Mindesthaltbar bis: Tag, Monat, Jahr)

Bei der Verarbeitung von Fischen ist weiters zu beachten:
Nur leicht reinigbare Materialien sind zu verwenden: Edelstahl, Plastik usw. Für die Verarbeitung ist nur Trinkwasser zu verwenden. Eine Bazillenausscheideuntersuchung vom Personal ist nötig. Die aktuelle Lebensmittelverordnung und Hygienebestimmungen sind zu beachten!

ANHANG

REZEPTE
für jeweils 4 Personen

VORSPEISEN KALT

Stör mit Johannisbeersaft

0,2 kg Störfilet
0,1 l Johannisbeersaft rot
Olivenöl extra
Weißer Pfeffer, Salz
Petersilie
Rote Johannisbeeren

Das Filet in hauchdünne Scheiben schneiden und anrichten.
Den frischen Johannisbeersaft mit einigen Tropfen Öl, einer Prise Salz und Pfeffer verrühren und eine dünne Schicht auf die Filetscheiben geben.
Mit Petersilie und Johannisbeeren garnieren und nach15 Minuten mit Weißbrot und Butter servieren.

Stör natur mit Käse

0,15 kg Störfleisch
0,10 kg Fontina
oder Gruyére
Saft einer Zitrone
Olivenöl extra
Salz, Pfeffer
2 Salatherzen
1 Tomate

Das Störfleisch und den Käse in dünne Streifen schneiden, mit Öl, Salz, Pfeffer und Zitronensaft gut vermischen und 2 Stunden marinieren.
Auf geviertelten Salatherzen anrichten und mit Tomatenspalten garnieren.
Mit Baguette und Butter servieren.

Störterrine mit Lauch

0,2 kg Störfilet
0,1 l Sahne
1 Ei
50 g Lauch
Safran gemahlen
Salz, Pfeffer
Cayennepfeffer
Butter
ev. 50 g Lachsfilet

Fleisch faschieren, anfrosten, mit Ei, Sahne und etwas Safran mixen, würzen und kaltstellen. In Streifen geschnittenen Lauch blanchieren. Gebutterte Terrinenform mit Farce und Lauch (und ev. Lachs) füllen, die Form klopfen und abdecken.
Im Wasserbad bei 180°C ca. 1 h garen. Nach dem Abkühlen für 6h kaltstellen, und die Terrinenscheiben mit Kräutersauce und Toast servieren.

Stör auf Blattsalat

0,2 kg Störfilet
Zitronensaft
verschiedene Blattsalate (Lollo rosso, Eichblatt, Frisée, Vogerlsalat o.ä.)
Balsamessig, Öl
2 EL Haselnüsse
Kräuter: Dill, Petersilie, Schnittlauch, Knoblauch
Salz, Pfeffer

Störfleisch in kleine Filets schneiden, säuern und würzen, in Öl kurz scharf anbraten und auf gemischten Blattsalaten anrichten. Mit Gebäck und Butter servieren.
Für Dressing: Haselnüsse mit Essig, Öl, Knoblauch und Kräutern fein mixen, mit Salz und Pfeffer würzen, und den Salat damit napieren.

Marinierter Stör

0,2 kg Störfilet
Olivenöl extra
Weinessig
Weißwein
Salz, Pfeffer
Zierpetersilie
Zitrone

Filet in dünne Scheiben schneiden, in Marinade aus Öl, Essig und Wein für 2 Stunden einlegen und anschließend im Rohr 10 Minuten lang bei 180°C braten.
Kaltstellen und garnieren, mit Weißbrot und Butter servieren.

Störsuppe „Royal"

1 kg Störparüren bzw. Kopf und Karkasse
0,1 kg Suppengemüse: Lauch, Karotten, Sellerie, Zwiebel

Zerteilten Kopf und Abschnitte mit Suppengemüse in kaltem Wasser aufsetzen und zum Kochen bringen. Krebse für 5 Minuten beigeben und für ca. 1 h auf die Hälfte reduzieren.

1 Zwiebel
0,2 kg Tomaten
50 g Champignons
50 g Krebse
1/8 l Weißwein
1 Knoblauchzehe
Olivenöl
Salz, Pfeffer
Zitrone und Petersilie

Feingehackte Zwiebel in Olivenöl anschwitzen, feingeschnittene Pilze sautieren, geschälte, entkernte und kleinwürfelig geschnittene Tomaten dazugeben und nach 5 Minuten mit Wein und Suppe aufgießen. Ausgelöstes Stör- und Krebsfleisch in kleine Würfel schneiden, zur Suppe geben, würzen und mit Zitronenscheibe und gehackter Petersilie garnieren.

Pasta mit Stör in Morchelrahmsauce

0,2 kg Störfilet
Zitronensaft
0,2 kg Tagliatelli oder Fettuccini
50 g getrocknete Morcheln
2 Schalotten
1/4 l Sahne
1/8 l Weißwein
Olivenöl
Salz, Pfeffer
Frischer Kerbel

Morcheln eine Stunde lang in lauwarmem Wasser einweichen und dann gut abspülen. Schalotten fein hacken und in Öl anschwitzen, die geteilten Morcheln dazugeben, mit Wein löschen, und die Sauce reduzieren lassen. Sahne dazugeben, weiter reduzieren, würzen und mit den in Salzwasser al dente gekochten Nudeln anrichten. Die gewürzten, in Öl gebratenen kleinen Störstreifen darüberstreuen, mit Kerbel garnieren.

Störmousse im Kohlmantel

0,2 kg Störfleisch
2 Eiklar
1/4 l Sahne
Zitronensaft
Salz, Pfeffer
2 Schalotten
50 g Butter
1/8 l Weißwein
2 rote Paprika
4 Kohlblätter

Fischfleisch, Eiklar mit der Hälfte der Sahne, Zitronensaft, Salz und Pfeffer mixen, und die Fischfarce auf blanchierte, abgekühlte Kohlblätter streichen. Rouladen formen und mit gebutterter Alufolie bei 220°C 20 Minuten lang garen.
Auf Paprikarahmsauce anrichten.
Für die Sauce: geschnittene Paprika und Schalotten in Butter anschwitzen, mit Wein ablöschen, weich dünsten, würzen, mixen und die restliche geschlagene Sahne unterziehen.

Gratinierter Stör

0,6 kg Störkoteletts oder Filet
2 Bund frische Kräuter (Thymian, Kerbel Dill, Schnittlauch)
2 Knoblauchzehen
Parmesan, Mandeln
Olivenöl
Zitronensaft
Salz, Pfeffer

Kräuter und Knoblauch mit Öl mixen. Die Koteletts säuern, würzen und ca. 2 Minuten lang grillen. Mit Kräutermischung bestreichen, Parmesan und blättrig geschnittene Mandeln darüber streuen und gratinieren.
Mit Butterkartoffeln und Salat servieren.

Stör mit Mangold in Folie

0,6 kg Störfilets
0,6 kg Mangold
Butter
Zitronensaft
Salz, Pfeffer

Alufolie mit Butter bestreichen, mit gewaschenem, abgetrocknetem und zerkleinertem Mangold belegen.
Das gesäuerte und gewürzte Filet darauflegen, mit einem Stückchen Butter belegen und die Alufolie verschließen. Im Backrohr bei 200°C 8 Minuten lang garen.
Mit Wildreis und Weinschaumsauce servieren.

Junger Stör im Gemüsebett

1 Stör mit ca. 1 kg
oder 0,6 kg Filet
0,4 kg Gemüse
(Karotten, Lauch, Sellerie)
1/4 l Weißwein
Butter
Zitronensaft
Salz, Pfeffer
Petersilie

Enthäuteten, gesäuerten und gewürzten Stör in Butter anbraten, mit Wein aufgießen und bei 180°C im Rohr 30 Minuten lang braten. Das in Julienne geschnittene Gemüse dazugeben und weitere 15 Minuten lang garen. Auf einer Platte anrichten und mit Petersilie garnieren, Kartoffeln dazugeben.

Stör im Blätterteig mit Kräuterfüllung

- 0,6 kg Störfilet
- 0,5 kg Blätterteig
- 4 Frühlingszwiebeln
- 2 Knoblauchzehen
- 1 Bund Kerbel od. Petersilie
- 1 Bund Estragon od. Dill
- Butter
- Zitronensaft
- Salz, Pfeffer

Blätterteig ausrollen, zwei Fischformen ausstechen. Erstes gesäuertes und gewürztes Filet darauflegen, mit angeschwitzter Zwiebel-Kräutermasse bestreichen, zweites Filet darauflegen, mit Blätterteig abdecken, an den Rändern zusammendrücken und mit Teigresten verzieren. Im Backrohr bei 220°C anbacken und bei 170°C ca. 45 Minuten lang fertigbacken. Mit tournierten Kartoffeln und Buttersauce servieren.

Gebratener Stör

- 1 ganzer Stör ca. 1,5 kg
- 6 Knoblauchzehen
- 0,1 kg Butter
- 1 Bund Petersilie
- 1/4 l Weißwein
- Zitronensaft
- Salz, Pfeffer

Zerlassene Butter mit Salz, Pfeffer, Zitronensaft, gepreßtem Knoblauch und gehackter Petersilie vermischen. Den enthäuteten Stör innen und außen damit bestreichen und fur ca. 1 Stunde einziehen lassen. Mit Wein untergießen und im Rohr bei 180°C für ca. 45 Minuten braten (dabei den Stör öfters mit Saft übergießen). Mit Kartoffeln und Salat servieren.

Stör am Spieß

1 kg Stör (pro 4 Personen)
2 Zitronen
Salz, Pfeffer
Olivenöl

Stör waschen, enthäuten, säuern, würzen und am Spieß über offenem Holzkohlenfeuer unter ständigem Drehen braten und öfters mit Öl bestreichen.
Mit Folienkartoffeln, Kräutercreme und verschiedenen Saucen servieren (eignet sich besonders für Feste!).
Kleine Störstücke können auch am Grill gegart werden.

Störe haben festes weißes Fleisch und sind grätenlos. Der Verwendung in der Küche sind keine Grenzen gesetzt. Egal ob er im Ganzen, filetiert, in Steaks oder in Stücken zubereitet wird, eignet er sich zum Kochen und Dünsten ebenso wie zum Braten und Grillen. Da er aber wenig Eigengeschmack besitzt, sollte er immer gut gewürzt und mit schmackhaften Saucen und Beilagen serviert werden.

LARVENENTWICKLUNG VERSCHIEDENER ACIPENSERIFORMES

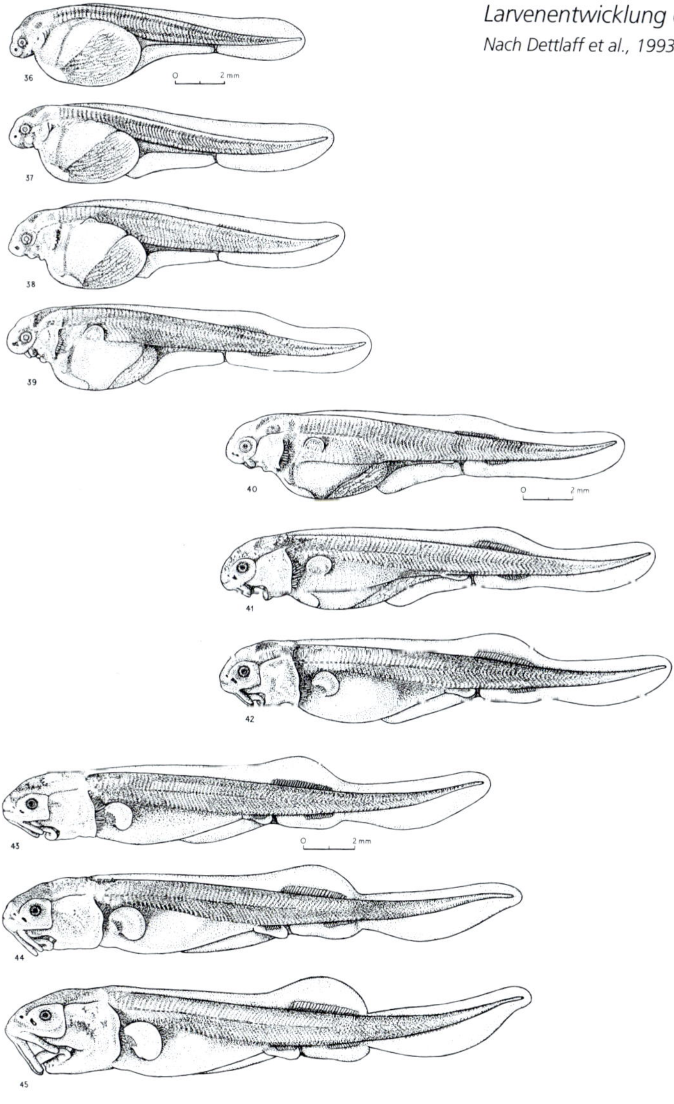

Larvenentwicklung des Hausens

Nach Dettlaff et al., 1993

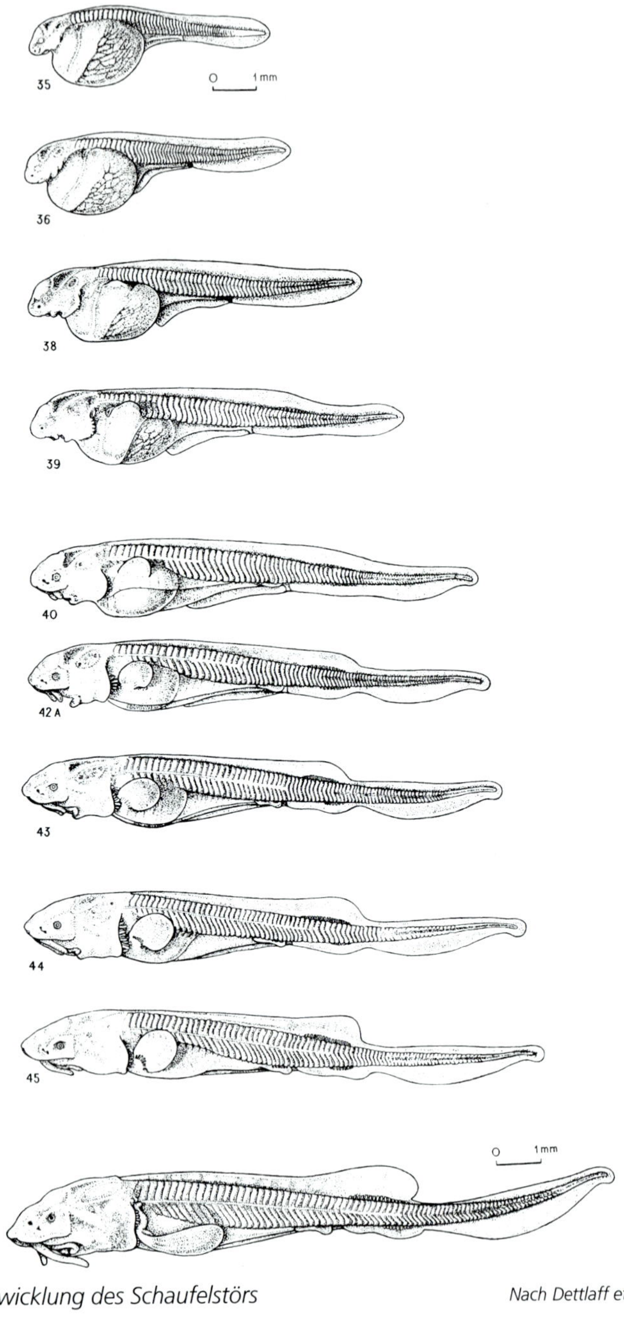

Larvenentwicklung des Schaufelstörs

Nach Dettlaff et al., 1993

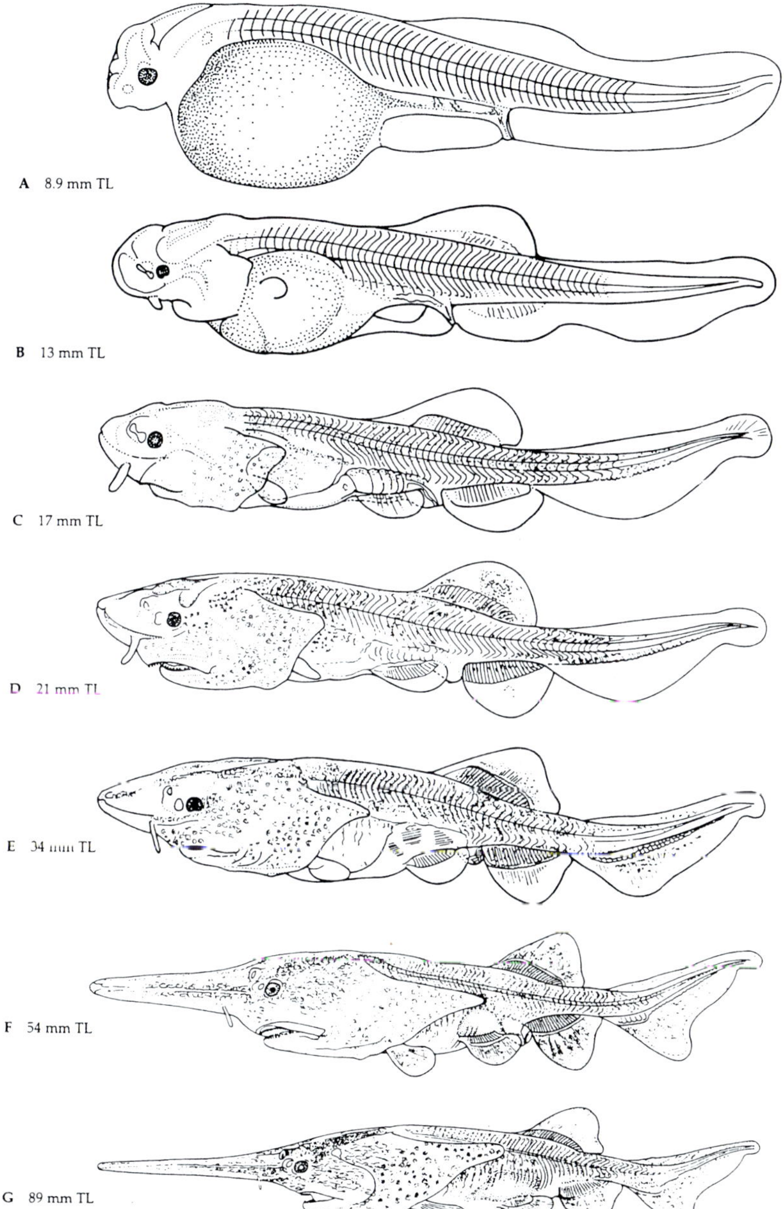

Larvenentwicklung des Löffelstörs, A – B Dottersacklarven, ab C aktive Nahrungsaufnahme

Nach Wallus et al., 1989

JUNGFISCHE DER STÖRE

Acipenser sturio (Gemeiner Stör), ca. 20 cm Foto: Schwevers

Polyodon spathula (Löffelstör), 8–10 cm

Acipenser transmontanus (Weißer Stör), 4–5 cm Foto: Vaini

Acipenser baeri (Sibirischer Stör), 8–10 cm

Huso huso x Acipenser gueldenstaedti (Kaspihybride), 15–20 cm

Acipenser stellatus (Sternhausen), 20–30 cm

NÄHRTIERE UND PARASITEN

NÄHRTIERE DER STÖRE IM SÜSS- UND SALZWASSER

ANNELIDA (RINGELWÜRMER):

Clitellata Gürtelwürmer

- *Tubifex* Schlammröhrenwürmer
- *Helobdella* Wurmegel

Polychaeta Borstenwürmer

- *Aphrodita* Seeraupen
- *Hypania, Mellina*
- *Nephthys* Opalwürmer
- *Nereis* Seeringelwürmer
- *Stylaria* Süßwasserborstenwürmer

MOLLUSCA (WEICHTIERE):

Gastropoda Schnecken

- *Hydrobidae* Wattschnecken
- *Lymnaeidae* Schlammschnecken
- *Nassidae* Reusenschnecken
- *Neyitidae* Schwimmschnecken
- *Philinidae* Blasenschnecken
- *Planorbidae* Tellerschnecken
- *Valvatidae* Federkiemenschnecken
- *Viviparidae* Sumpfdeckelschnecken

Bivalvia Muscheln

- *Cardiidae* Herzmuscheln
- *Corbulidae* Korbmuscheln
- *Dreissenidae* Wandermuscheln
- *Myidae* Klaffmuscheln
- *Mytilidae* Miesmuscheln
- *Scrobiculariidae* Pfeffermuscheln
- *Sphaeriidae* Kugelmuscheln
- *Tapes* Teppichmuscheln
- *Tellinidae* Plattmuscheln
- *Veneridae* Venusmuscheln

***INSECTA* (INSEKTENLARVEN):**

***Diptera* Zweiflügler**

Chaoborus Büschelmücken

Chironomus Zuckmücken

Simulium Kriebelmücken

Tipula Schnaken

***Ephemeroptera* Eintagsfliegen**

Palingenia

***Hemiptera* Wasserwanzen**

***Megaloptera* Schlammfliegen**

Sialis Wasserflorfliegen

***Odonata* Libellen**

Libellula Segellibellen

***Plecoptera* Steinfliegen**

***Trichoptera* Köcherfliegen**

***CRUSTACEA* (KREBSTIERE):**

***Phyllopoda* Blattfußkrebse**

Daphnia Wasserflöhe

***Copepoda* Ruderfußkrebse**

Cyclops Hüpferlinge

Diaptomus

***Ostracoda* Muschelkrebse**

***Amphipoda* Flohkrebse**

Gammarakantus

Corophium Schlickkrebse

Gammarus Bachflohkrebse

***Cumacea* Cumaceen**

Pterocuma

Stenocuma

***Mysidacea* Mysiden**

Mysis

Paramysis

***Decapoda* Zehnfußkrebse**

Cancer Taschenkrebse

Carcinus Strandkrabben

Crangon Sandgarnelen

Astacus Edelkrebse

Pacifastacus Flußkrebse
Palaemon Steingarnelen
Rhitropanopeus Krabben

***Isopoda* Asseln**

Asellus Wasserasseln

***Cirripedia* Rankenfüßer**

Balanus Seepocken

***VERTEBRATA* (WIRBELTIERE):**

Acipenseridae Störe
***Ammodythidae* Sandaale**
Atherinidae Ährenfische
Callionymidae Leierfische
***Clupeidae* Heringe**
***Cobitidae* Schmerlen**
***Cottidae* Groppen**
***Cyprinidae* Karpfenfische**
***Gobiidae* Grundeln**
***Engraulidae* Sardellen**
Gasterosteidae Stichlinge
Mugilidae Meeräschen
Mullidae Meerbarben
Pleuronectidae Plattfische
Percidae Barsche
***Petromyzonidae* Neunaugen**
Syngnathidae Seenadeln

WICHTIGE NÄHRTIERE DER STÖRE IM MEER

(Nach DeHaas und Knorr, 1990)

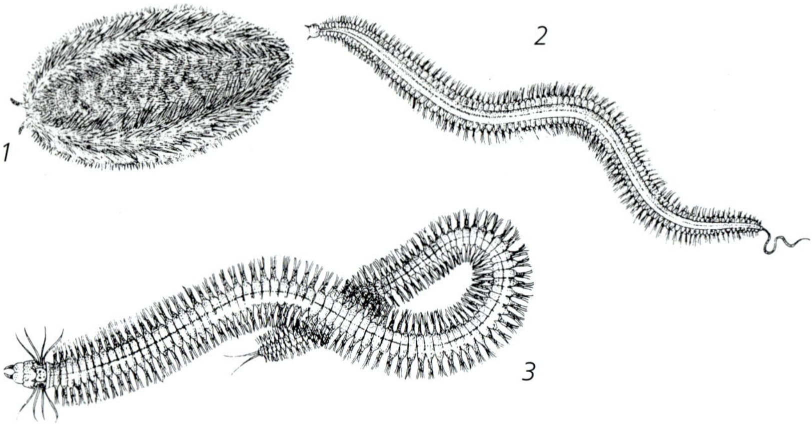

Freilebende Borstenwürmer *(Errantia): 1 Seeraupe, 2 Opalwurm und 3 Seeringelwurm meist 10–20 cm lang*

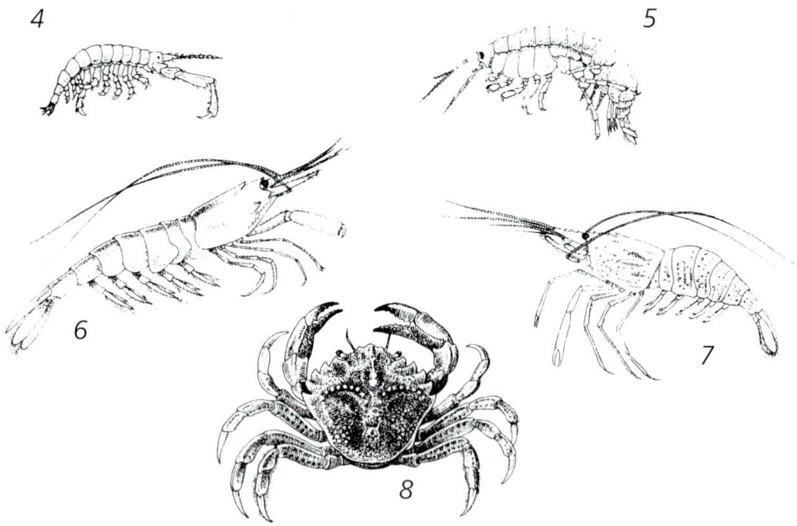

Höhere Krebse *(Malacostraca): 4 Schlickkrebs und 5 Flohkrebs, meist 1–2 cm lang, 6 Sandgarnele, 7 Steingarnele und 8 Strandkrabbe, meist 4–6 cm lang*

Verschiedenzähnige Muscheln *(Heterodonta): 9 Venus-, 10 Herz-, 11 Pfeffer- und 12 Plattmuscheln, meist 2–4 cm groß*

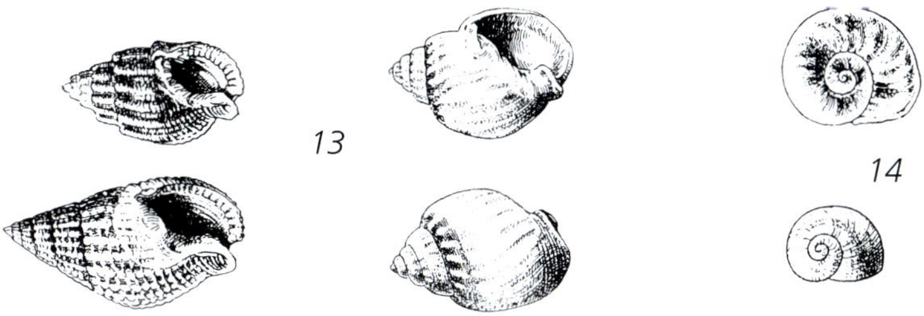

Vorderkiemenschnecken *(Prosobranchia): 13 Reusenschnecken und 14 Wattschnecken, meist 1–3 cm groß*

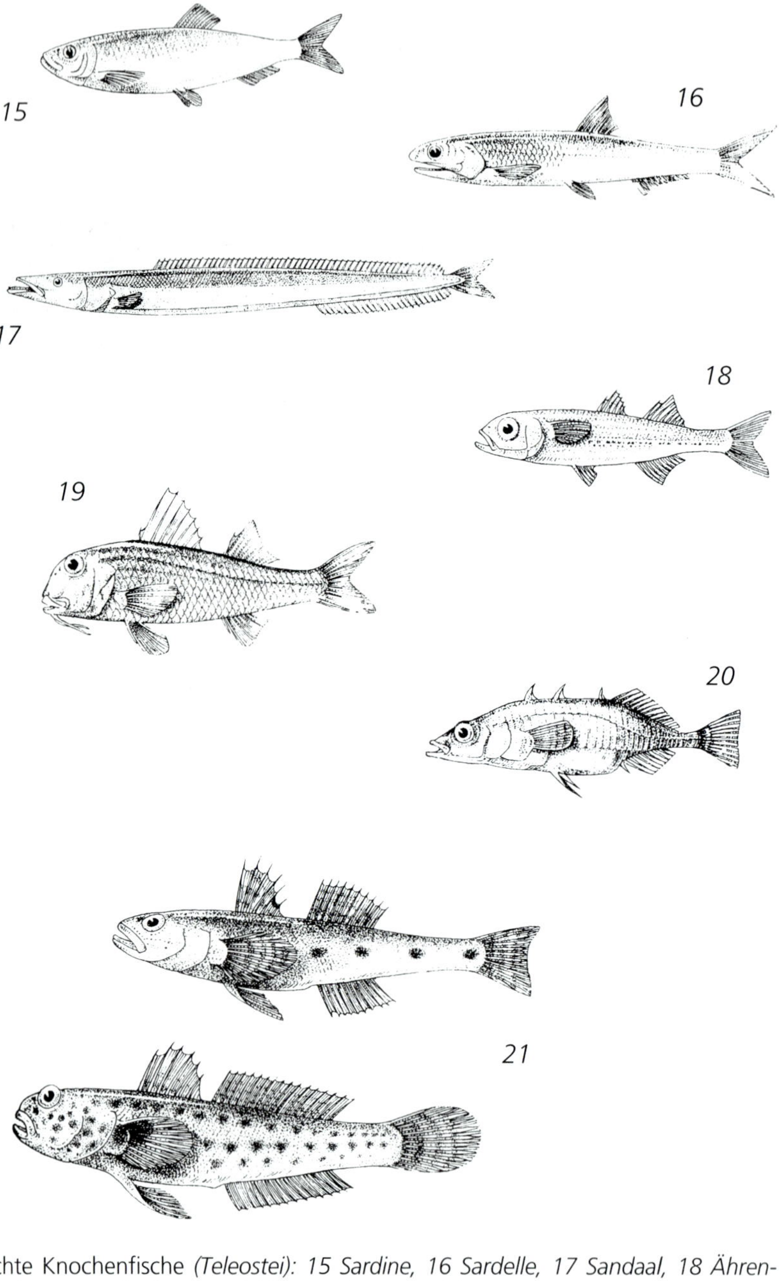

Echte Knochenfische *(Teleostei): 15 Sardine, 16 Sardelle, 17 Sandaal, 18 Ährenfisch, 19 Meerbarbe, 20 Stichling und 21 Grundeln, meist 10–30 cm lang*

WICHTIGE NÄHRTIERE DER STÖRE IM SÜSSWASSER

(Nach Huet, 1972)

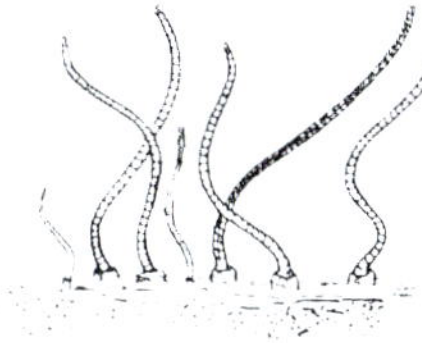

1

Wenigborster *(Oligochaeta): 1 Schlammröhrenwürmer, meist 2–4 cm lang*

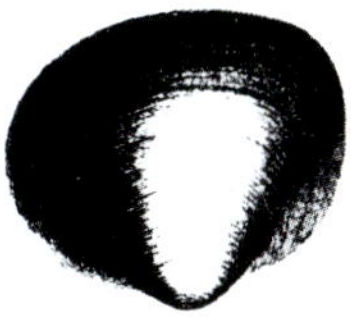

2

Verschiedenzähnige Muscheln *(Heterodonta): 2 Kugel- und Erbsenmuschel, bis zu 2 cm groß*

3

4

5

6

Vorderkiemenschnecken *(Prosobranchia): 3 Sumpfdeckelschnecke, 4 Federkiemenschnecke und Lungenschnecken: 5 Schlammschnecken und Tellerschnecken, meist 1–4 cm lang*

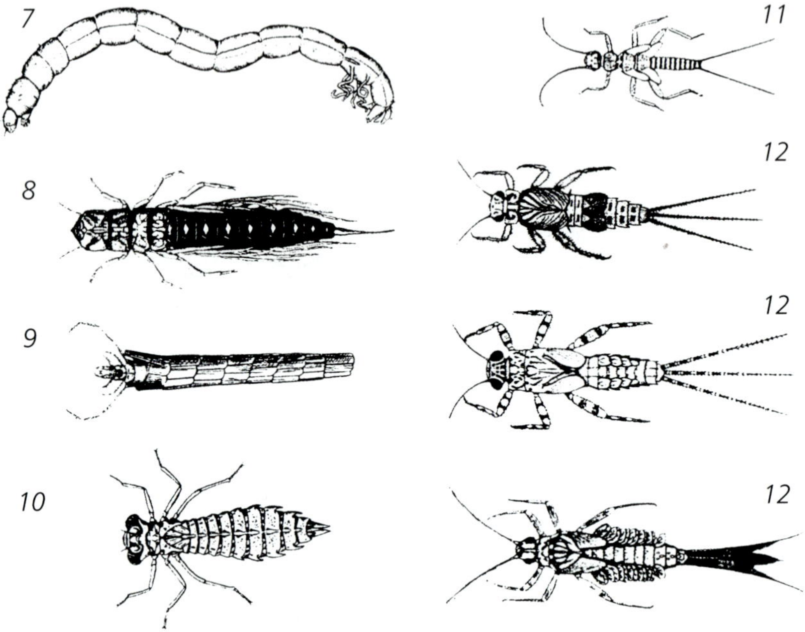

Verschiedene Insektenlarven: *7 Zuckmücken, 8 Schlammfliegen, 9 Köcherfliegen, 10 Libellen, 11 Steinfliegen und 12 Eintagsfliegen, 2 – 5 cm lang*

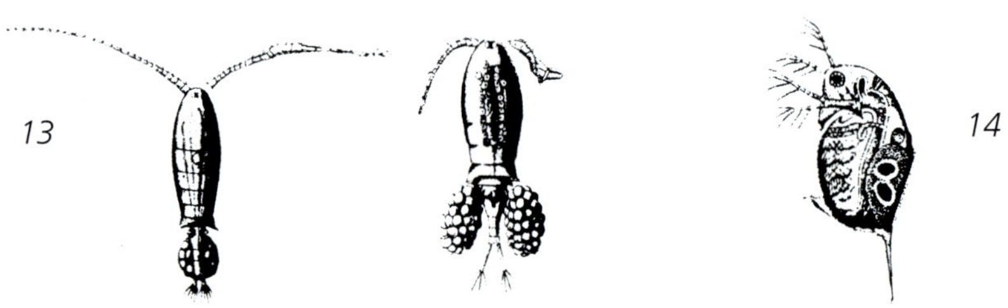

Niedere Krebse *(Entomostraca): 13 Hüpferlinge und 14 Wasserfloh, ca. 1mm groß*

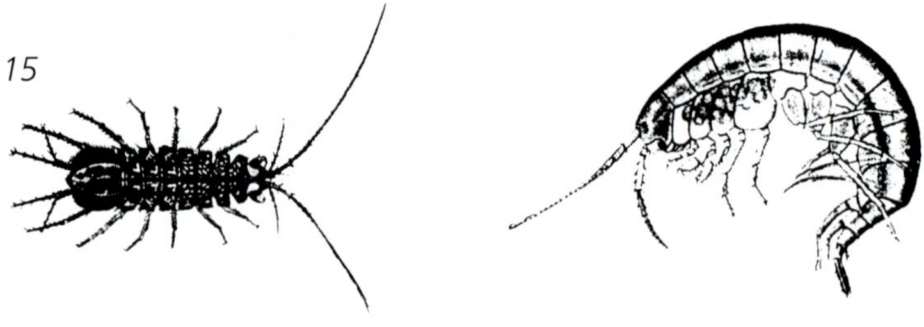

Höhere Krebse *(Malacostraca): 15 Wasserassel und 16 Bachflohkrebs, ca. 1cm groß*

DIE HÄUFIGSTEN PARASITEN DER STÖRE IM SÜSS- UND SALZWASSER

(bei den fett gedruckten Arten sind auch Massenbefall bzw. Schädigungen möglich)

(Nach: Dillard, 1986; Holcik et al., 1989; Reichenbach-Klinke et al., 1980; Scott et Crossmann, 1973)

PROTOZOA **(Einzeller)**

CILIATA (WIMPERTIERCHEN)

Chilodonella cyprini
Ichthyophthirius multifiliis
Scyphidia sp.
Trichodina *acuta, T. carassii*
T. domerguei, T. nigra, T. rectangli

FLAGELLATA (GEISSELTIERCHEN)

Costia necatrix
Cryptobia acipenseris

MYXOSPORA (MYXOTIERCHEN)

Zschokkella sturionis

SPOROZOA (SPORENTIERCHEN)

Cocconema sulci
Haemogregarina acipenseris

METAZOA **(Mehrzeller)**

COELENTERATA (HOHLTIERE)

Polypodium hydriforme

CESTOIDEA, TREMATODA, MONOGENEA (BAND-, SAUG- UND HAKENWÜRMER)

Acrolichanus auriculatus
Allocreadium sp.
Amphilina foliacea
Asymphylodora kubanicum

***Bothrimonus** fallax, B. sturionis*
Bothriocephalus sp. (Larve)
***Brachyphallus** crenatus, B. musculus*
Bucephalus polymorphus
Crepidostomum auriculatum,
C. lintoni
Cyathocephalus truncatus
Derogenes varicus
***Deropristis** hispida, D. inflata*
***Diclybothirum** armatum, D. hamulatum*
Diplostomum spathaceum (Larve)
Diplozoon paradoxum
Eubothrium acipenserinum
Galactosomum lacteum (Larve)
***Gyrodactylus** medius*
Lecithochirium sp.
Marsipometra sp.
Metagonimus yokogawai (Larve)
Nicolla skrjabini
***Nitzschia sturionis** N. quadritestes*
Paracoenogonimus ovatus (Larve)
Posthodiplostomum cuticola (Larve)
Pristicola sturionis
Proteocephalus skorikowi
***Rhipidocotyle** illense, R. kovalae*
Scolex pleuronectis
***Skrjabinopsolus** acipenseris*
S. semiarmatus, S. manteri
Tetrarhinchibothrium sp. (Larve)
Tetrarhynchus sp. (Larve)
***Triaenophorus** crassus, T. nodulosus*
Tylodelphys clavata (Larve)

NEMATODA (FADENWÜRMER)

Agamospirura sp. (Larve)
Anisakis schupakovi (Larve)
Camallanus lacustris, C. truncatus

***Capillospirura** argumentosa*
C. ovotrichuria
***Contracaecum** aduncum*
C. bidentatum, C. squalii (Larve)
Crowcrocoecum skrjabini
***Cucullanus** lebedevi*
C. sphaerocephalus, C. clitellarius
Cyclozone acipenserina
Cystidicoloides ephemeridarum
Cystoopsis acipenseris
Dogielina inexpectata
Eustrongylides excisus (Larve)
Hysterothylacium bidentatum
Piscicapillaria tuberculata
Porrocaecum reticulatum (Larve)
Raphidascaris acus
Rhabdochona denudata, R. cascadilla
Sterliadochona ssavini

ACANTHOCEPHALA **(KRATZER)**

Acanthocephaloides propinguus
***Acanthocephalus** anguillae*
A. incrassatus
***Corynosoma** semerme, C. strumosum*
***Echinonorhynchus** borealis*
E. gadi, E. solmonis
Leptorhynchoides plagicephalus
Pomphorhynchus laevis
Pseudoechinorhynchus clavula
Tanaorhamphus ambiguus

HIRUDINEA **(EGEL)**

Caspiobdella fadeevi
Cystobranchus respirans
Hemiclepsis marginata
***Piscicola** caspica*
P. geometra, P. volgensis

***BIVALVIA* (MUSCHELN)**

Anodonta sp. (Larve)

***CRUSTACEA* (KREBSTIERE)**

***Argulus** coregonis, A. foliaceus*
A. canadensis, A. stizostethi
Dichelesthium oblongum
Ergasilus sieboldi
Lepeophtheirus sturionis
Leptorhynchoides plagicephalus
***Paraergasilus** brevidigitus*
P. rylovi
***Pseudotracheliastes** stellatus*

***FUNGI* (PILZE)**

Achlya flagellata
***Saprolegnia** diclina, S. ferax*
S. mixta, S. monocia, S.parasitica

***CYCLOSTOMATA* (RUNDMÄULER)**

Entosphenus tridentatus
Ichthyomyzon unicuspis
Petromyzon marinus

ADRESSEN DER FISCHGESUNDHEITSDIENSTE UND BERATUNGSSTELLEN

Deutschland

FISCHGESUNDHEITSDIENST BAYERN — Tel: 089/9091261
Senator-Gerauerstr. 23, 85586 Poing/Grub

AUSSENSTELLE WEIDEN — Tel: 0961/27690
Parksteinerstr. 15, 92637 Weiden

AUSSENSTELLE NÜRNBERG — Tel: 0911/643050
Donaustr. 24, 90451 Nürnberg

FISCHGESUNDHEITSDIENST STUTTGART — Tel: 0711/2023-352
Atzenbergstr. 16, 70174 Stuttgart

FISCHGESUNDHEITSDIENST AULENDORF — Tel: 07527/202-34
Löwenbreitestr. 20, 88326 Aulendorf

FISCHGESUNDHEITSDIENST FREIBURG — Tel: 0761/16011
Am Moosweiher 2, 79108 Freiburg

FISCHGESUNDHEITSDIENST HEIDELBERG — Tel: 06221/23602
Czernyring 22, 69115 Heidelberg

FISCHGESUNDHEITSDIENST HESSEN — Tel. 0641/3006-40
Marburgerstr. 54, 35396 Gießen

FISCHGESUNDHEITSDIENST NORDRHEIN-WESTFALEN — Tel: 02723/7685
Heinsbergerstr. 51-53, 57399 Kirchhundem-Albaum

FISCHGESUNDHEITSDIENST RHEINLAND-PFALZ — Tel: 0261/404050
Blücherstr. 34, 56073 Koblenz

FISCHGESUNDHEITSDIENST NIEDERSACHSEN — Tel: 0511/281112
Eintrachtweg 17, 30173 Hannover

FISCHGESUNDHEITSDIENST SCHLESWIG-HOLSTEIN Tel: 0431/1690439
Gutenbergstr. 75-77, 24116 Kiel

VETERINÄRINSTITUT JENA Tel: 03641/411110
Naumburgerstr. 96, 07743 Jena

VETERINÄRINSTITUT BAD LANGENSALZA Tel: 03603/511
Tennstedterstraße, 99947 Bad Langensalza

FISCHGESUNDHEITSDIENST SACHSEN Tel: 0341/281434
Berlinerstr. 34, 04105 Leipzig

FISCHGESUNDHEITSDIENST POTSDAM Tel: 0331/3120
Pappelallee 2, 14469 Potsdam

FISCHGESUNDHEITSDIENST COTTBUS Tel: 0355/78230
Schlachthofstr. 18, 03044 Cottbus

FISCHGESUNDHEITSDIENST SACHSEN-ANHALT Tel: 03931/216103
Haferbreiterweg 132-135, 39576 Stendal

FISCHDIAGNOSTIK MECKLENBURG-VORPOMMERN Tel: 03931/3538
Eldenburg 71/6, 17192 Waren/Müritz

BAYER. LANDESANSTALT FÜR FISCHEREI Tel: 08151/26920
Weilheimerstr. 8a, 82319 Starnberg

AUSSENSTELLE FÜR TEICHWIRTSCHAFT Tel: 09193/8372
Greiendorfweg 8, 91315 Höchstadt/Aisch

BAYER. LANDESANSTALT FÜR WASSERFORSCHUNG Tel: 089/21802291
Kaulbachstr. 37, 80539 München

AUSSENSTELLE VERSUCHSANLAGE WIELENBACH Tel: 0881/1850
Demollstr. 31, 82407 Wielenbach

BUNDESFORSCHUNGSANSTALT FÜR FISCHEREI Tel: 040/389050
Palmaille 9, 22767 Hamburg

INSTITUT FÜR BINNENFISCHEREI — Tel: 030/6452803
Müggelseedamm 310, 12587 Berlin

LANDESFORSCHUNGSANSTALT FÜR FISCHEREI — Tel: 0381/82055
An der Jägerbäk 2, 18069 Rostock

Österreich

BUNDESANSTALT FÜR FISCHEREIWIRTSCHAFT — Tel: 06232/3848
Scharfling 18, 5310 Mondsee

VET. UNIV., INSTITUT FÜR FISCHKUNDE — Tel: 0222/7115550
Linke Bahngasse 11, 1030 Wien

UNIV. F. BODENKULTUR ABT. FISCHEREIWIRTSCHAFT — Tel: 0222/476540
Feistmantelstr. 4, 1180 Wien

ÖKOLOGISCHE STATION WALDVIERTEL — Tel: 02853/8207
Gebharts 33, 3943 Schrems

INSTITUT FÜR FISCHFORSCHUNG — Tel: 0512/365474
Eduard-Bodemgasse 5, 6020 Innsbruck

Schweiz

FISCHGESUNDHEITSDIENST SCHWEIZ — Tel: 031/6312465
Lengasstr. 122, 3012 Bern

BUNDESAMT FÜR LANDWIRTSCHAFT UND FISCHEREI — Tel: 031/3229377
3012 Bern

Niederlande

ORGANISATION ZUR VERBESSERUNG DER BINNENFISCHEREI
Buxtehudelaan 1, 3420 Nieuwegein — Tel: 03402/58411

ZENTRALER FISCHGESUNDHEITSDIENST Tel: 03200/73911
Postfach 65, 8200 Lelystad

Adresse des Autors

MARTIN HOCHLEITHNER Tel: 0663/859764
Fischzuchtmeister 05356/4870
Unterbrunnweg 3, A-6370 Kitzbühel Fax: 05356/71942

FACHAUSDRÜCKE

***A**bstreifen:* künstliche Eigewinnung bei Fischen durch leichten Druck vor die Geschlechtsöffnung

Adult: erwachsen (geschlechtsreif)

Akklimatisierung: Anpassung (Eingewöhnung)

Aktivitätsstoffwechsel: Stoffwechsel beim normalen Schwimmen und Fressen bei gesunden Fischen

Anadrom: Wanderung vom Meer ins Süßwasser der Flüsse

Anfüttern: Verabreichung erster Nahrung bei Brütlingen

Aquakultur: (Wasserkultur) Kultivierung von Wasserlebewesen

***B**enthal:* Bodenzone eines Gewässers

***C**hromosomen:* Molekülketten aus Desoxyribonukleinsäure (DNS, Hauptbestandteil des Zellkerns). Auf ihnen liegen die Gene (Träger der Erbinformationen).

***D**etritus:* pflanzlicher Aufwuchs

Driften: passives Abtreiben

Dottersackbrütling: Fischlarve vor der aktiven Nahrungsaufnahme

***E**insömmerig:* Fisch, der einen Sommer alt ist

Einzugsgebiet: Fläche, aus der abfließendes Wasser in ein Gewässersystem fließt

***F**utterquotient:* aufgewendetes Futter pro 1 kg Zuwachs

Futtertisch: Ebene unter Wasser zur Kunstfutteraufnahme für Fische

***G**onaden:* Geschlechtsteile (Keimzellen) bei Fischen

***H**ektar:* Flächenmaß (ha), 10.000 Quadratmeter

Hybriden: Kreuzung zweier Arten (meist unfruchtbar)

Hypophysieren: Injizieren von Geschlechtshormonen zur Endreifung der Gonaden bei künstlicher Vermehrung

***K**escher:* Handnetz zum Fischfang

Kiemenreusen: Dornen an der Kiemeninnenseite zum Nahrungserwerb

Korpulenzfaktor: artübliches Verhältnis – Länge zu Gewicht

***L**aichen:* natürliches Ablegen der Geschlechtsprodukte im Wasser

***M**ammutpumpe:* hydropneumatische Pumpe zum Fördern von Flüssigkeit durch Einblasen feiner Luft in ein senkrechtes Rohr

Maschenweite: Abstand von Knoten zu Knoten im Netztuch

Metamorphose: Verwandlung von der Larve zum Jungtier, das in seinem Aussehen den Erwachsenen gleicht

Milchner: männlicher Fisch
Mönch: Ablaßvorrichtung mit Staubrettern im Teich
***O**varien:* Eierstöcke (bei Fischen: weibliche Keimzellen)
***P**olykultur:* Kultivieren mehrerer Fischarten in einem Teich
Polyspermie: Befruchtung eines Eies mit mehreren Spermien
Population: Bestand einer Art innerhalb eines geographisch abgegrenzten Gebietes
Protein: Eiweiß (Baustoff des Organismus)
***R**ogner:* weiblicher Fisch
Routienestoffwechsel: Stoffwechsel beim Ruhen (Winterschlaf)
***S**ediment:* Ablagerungen
Setzling: Jungfisch für Besatzmaßnahmen (Satzfisch)
Systematik: Einteilung der Arten anhand von Merkmalsdifferenzierung
***T**agesgrad:* durchschnittliche Temperatur an einem Tag
Teichwirtschaft: Bewirtschaftung von Teichen
***U**hrwerkautomat:* Bandautomat mit Uhrwerk für die gesteuerte Jungfischfütterung (in Scharfling entwickelt)
***V**orstrecken:* Aufziehen von Jungfischen
***Z**ooplankton:* im freien Wasser schwebende, wirbellose Tiere
Zugergläser: Erbrütungsgläser, in denen die Fischeier in ständiger Bewegung gehalten werden (am Zugersee entwickelt)
Zuwachs: Gewichtszunahme je Flächeneinheit (ha) und Zeit (Jahr)

FREMDSPRACHIGE BEZEICHNUNGEN DER EINZELNEN STÖRARTEN

WISSENSCHAFTLICHER NAME	DEUTSCHER NAME	ENGLISCHER NAME	FRANZÖSISCHER NAME
Acipenser baeri	**Sibirischer Stör**	Siberian Sturgeon	Esturgeon sibérien
Acipenser brevirostrum	**Kurznasenstör**	Shortnose Sturgeon	Esturgeon à museau court
Acipenser dabryanus	**Jangtse Stör**	Yangtze Sturgeon	Esturgeon du Yangtze
Acipenser fulvescens	**Seestör**	Lake Sturgeon	Esturgeon de lac
Acipenser gueldenstaedti	**Waxdick**	Russian Sturgeon	Esturgeon de Russie
Acipenser medirostris	**Grüner Stör**	Green Sturgeon	Esturgeon vert
Acipenser naccarii	**Adriastör**	Adriatic Sturgeon	Esturgeon de l'Adriatique
Acipenser nudiventris	**Glattdick**	Ship Sturgeon	Esturgeon nu
Acipenser oxyrhynchus	**Atlantischer Stör**	Atlantic Sturgeon	Esturgeon noir
Acipenser ruthenus	**Sterlet**	Sterlet	Sterlet
Acipenser schrenki	**Amurstör**	Amur Sturgeon	Esturgeon de l'Amour
Acipenser sinensis	**Chinesischer Stör**	Chinese Sturgeon	Esturgeon chinois
Acipenser stellatus	**Sternhausen**	Stellate Sturgeon	Esturgeon étoilé
Acipenser sturio	**Gemeiner Stör**	Common Sturgeon	Esturgeon commun
Acipenser transmontanus	**Weißer Stör**	White Sturgeon	Esturgeon blanc
Huso dauricus	**Sibirischer Hausen**	Siberian Great Sturgeon	Grand esturgeon sibérien
Huso huso	**Europäischer Hausen**	Great Sturgeon	Grand esturgeon
Pseudoscaphirhynchus fedtschenkoi	**Syr-Daria Schaufelstör**	Syr-Daria Shovelnose	Nez-pelle du Syr daria
Pseudoscaphirhynchus hermanni	**Kleiner Amu-Daria Schaufelstör**	Small Amu-Daria Shovelnose	Petit nez-pelle de l'Amoudaria
Pseudoscaphirhynchus kaufmanni	**Großer Amu-Daria Schaufelstör**	Great Amu-Daria Shovelnose	Grand nez-pelle de l'Amoudaria
Scaphirhynchus albus	**Weißer Schaufelstör**	Pallid Sturgeon	
Scaphirhynchus platorynchus	**Gemeiner Schaufelstör**	Shovelnose Sturgeon	
Polyodon spathula	**Löffelstör**	Paddlefish	
Psephurus gladius	**Schwertstör**	Swordfish	

SYNONYME

Acipenser atelaspis Duméril, 1870
Acipenser buffalo Duméril, 1870
Acipenser cincinnati Duméril, 1870
Acipenser copei Duméril, 1870
Acipenser kirtlandi Duméril, 1870
Acipenser lamarii Duméril, 1870
Acipenser megalaspis Duméril, 1870
Acipenser nertinianus Duméril, 1870
Acipenser paranasimos Duméril, 1870
Acipenser platyrhinus Duméril, 1870
Acipenser rafinesquii Duméril, 1870
Acipenser rauchi Duméril, 1870
Acipenser richardsoni Duméril, 1870
Acipenser rosarium Duméril, 1870
Acipenser sturio Eigenmann, 1895
Acipenser fulvescens acutirostris Roussow, 1955
Acipenser fulvescens obtusirostris Roussow, 1955

Acipenser gueldenstaedti Brandt, 1833 47
Acipenser sturio Güldenstädt, 1772
Acipenser pygmaeus Reisinger, 1830
Acipenser güldenstaedtii Brand, 1833
Acipenser aculeatus Lovetzky, 1834
Acipenser schypa Fitzinger et Heckel, 1836
Acipenser güldenstädti Bonaparte, 1846
Acipenser persicus Borodin, 1897
Acipenser güldenstädti var. *scaber* Antipa, 1909
Acipenser güldenstädti var. *golis* Antipa, 1909
Acipenser güldenstädti var. *longirostris* Antipa, 1909
Acipenser güldenstädti var. *acutirostris* Antipa, 1909
Acipenser güldenstädti persicus Berg, 1933
Acipenser güldenstädti var. *tanaica* Marti, 1940
Acipenser güldenstädti var. *colchica* Marti, 1940
Acipenser güldenstädti colchicus Berg, 1948
Acipenser güldenstädti colchicus colchicus Movchan, 1967
Acipenser güldenstädti colchicus danubicus Movchan, 1967
Acipenser persicus colchicus Artyukhin et Zarkua, 1986

Acipenser medirostris Ayres, 1854 *51*
Acipenser acutirostris Ayres, 1854
Acipenser (Antaceus) agassizii Duméril, 1867
Acipenser (Antaceus) alexandri Duméril, 1867
Acipenser (Antaceus) oligopeltis Duméril, 1867
Acipenser mikadoi Hilgendorf, 1892
Acipenser multiscutatus Tanaka, 1898

Acipenser naccarii Bonaparte, 1836 *54*
Acipenser huso Naccari, 1822
Acipenser heckelii Fitzinger et Heckel, 1836
Acipenser nardoi Heckel, 1851
Acipenser nasus Heckel, 1851

Acipenser nudiventris Lovetsky, 1828 *57*
Acipenser sturio Pallas, 1814
Acipenser shypa Eichwald, 1831
Acipenser shipa Lovetzky, 1834
Acipenser glaber Fitzinger et Heckel, 1836
Acipenser schypa Kessler, 1856
Acipenser nudiventris derjavini Borzenko, 1950

Acipenser oxyrhynchus Mitchill, 1814 *59*
Acipenser (Huso) macrorhinus Duméril, 1820
Acipenser (Huso) milberti Duméril, 1822
Acipenser (Huso) mitchilli Duméril, 1822
Acipenser (Huso) kennicotti Duméril, 1822
Acipenser (Huso) girardi Duméril, 1822
Acipenser (Huso) bairdi Duméril, 1822
Acipenser (Huso) storeri Duméril, 1822
Acipenser (Huso) holbrooki Duméril, 1822
Acipenser (Antaceus) hallowellii Duméril, 1851
Acipenser (Antaceus) lecontei Duméril, 1851
Acipenser cayennensis Duméril, 1867
Acipenser sturio Günther, 1870; Ryder, 1890; Dean, 1890
Acipenser sturio var. *oxyrhynchus* Cox 1896
Acipenser sturio oxyrhynchus Halkett, 1913
Acipenser sturio Kendall, 1914; Huntsman, 1922; Borodin, 1925

LITERATURVERZEICHNIS

Allgemeine weiterführende deutschsprachige Literatur

Bücher

Baur W., 1980: Gewässergüte bestimmen und beurteilen, Verlag Paul Parey, Hamburg.
Bohl M., et al., 1982: Zucht und Produktion von Süßwasserfischen, Verlagsunion Agrar, DLG-Verlag Frankfurt/Main.
Haas E., 1982: Der Karpfen und seine Nebenfische, Leopold Stocker Verlag, Graz.
Hofmann J., 1979: Der Teichwirt,Verlag Paul Parey, Hamburg.
Jens G., 1980: Die Bewertung der Fischgewässer, Verlag Paul Parey, Hamburg.
Koch W., Bank O., Jens G., 1982: Fischzucht, 5. Auflage, Verlag Paul Parey, Hamburg.
Reichenbach-Klinke H. H., et al., 1980: Krankheiten und Schädigungen der Fische, Gustav Fischer Verlag, Stuttgart.
Steffens W., et al., 1981: Moderne Fischwirtschaft, Verlag Neumann – Neudamm, Melsungen.
Tesch F. W., Wehrmann L., 1982: Die Pflege der Fischbestände und -gewässer, Verlag Paul Parey, Hamburg.
Tölg I., et al., 1981: Fortschritte in der Teichwirtschaft, Verlag Paul Parey, Hamburg.
Wiesner E. R., 1968: Die Betriebsführung in der Forellenzucht, Verlag Paul Parey, Hamburg.

Zeitschriften

Blinker, Europas größte Anglerzeitung, Jahr Verlag. Hamburg.
Fisch & Fang, Zeitschrift für die Sportfischerei. Verlag Paul Parey, Hamburg.
Fischer & Teichwirt, Zeitschrift für die Binnenfischerei. Verband Bayerischer Berufsfischer e.V., Nürnberg.
Fischmagazin, Fachzeitschrift für die gesamte Fischwirtschaft. Fachpresse Verlag, Hamburg.
Österreichs Fischerei, Zeitschrift für die gesamte Fischerei. Österreichischer Fischereiverband, Scharfling.
Petri Heil, Schweizer Fischerei Zeitung. Verlag Graf + Neuhaus, Zürich.

Zitierte Literatur

Amaoka K., Nakaya K., 1975: First Record of Kaluga Sturgeon, *Huso dauricus,* from Japan. In: Japanese Journal of Ichthyology, Vol. 22, No. 3, pp. 164-166.
Bercsényi M., Bergler H., Reichle G., 1991: Schätzung der Heritabilität früher Wachstumsstadien des Sterlets. In: Fischer & Teichwirt, 42. Jahrgang, Heft 12, Seite 417-418.
Berg L.S., 1948: Ryby presnykh vod SSSR i sopredel'nykh stran. In: Izdatel'stvo Akademii Nauk SSSR, Moskva, Vol. 1, p. 504.
Binkowski F.P., Doroshov S.I. (Eds.) et al., 1985: North American Sturgeons: Biology and Aquaculture Potential. W. Junk Publishers, Dordrecht – Boston.

Brod W.M., 1980: Kulturhistorische Streiflichter auf Fisch und Fischerei. In: Im Dienste der bayerischen Fischerei, 125 Jahre Landesfischereiverband Bayern e.V., Seite 173-238.

Conte F.S., Doroshov S.I., Lutes P.B., Strange E.M., 1988: Hatchery Manual for the White sturgeon (*Acipenser transmontanus* Richardson), with application to other North American *Acipenseridae*. University of California.

Dadswell M.J., 1979: Biology and population characteristics of the shortnose sturgeon, *Acipenser brevirostrum* LeSueur, 1818 in the Saint John River Estuary, New Brunswick. In: Canadian Journal of Zoology, Vol. 57, Number 11, pp. 2186-2210.

DeHaas W., Knorr F., 1990: Was lebt im Meer an Europas Küsten? A. Müller Verlag, Rüschlikon.

Dettlaff T.A., Ginsburg A.S., Schmalhausen O.I., 1993: Sturgeon Fishes, Developmental Biology and Aquaculture, Springer Verlag, Berlin.

Dillard J.G., Graham L.K., Russel T.R. (Eds.) et al., 1986: The Paddlefish: Status, Management and Propagation. North Central Division, American Fisheries Society. In: Special Publication No. 7.

Doroshov S.I., 1985: Biology and culture of sturgeon, *Acipenseriformes*. In: Muir J. F., Roberts R. J. (Eds.): Recent Advances in Aquaculture, Volume 2. Westview Press.

FAO, 1961-1991: Yearbook Fishery Statistics, Catches and landings. Food and Agriculture Organisation, Roma.

Gardiner B.G., 1984: Sturgeons as living Fossils. In: Eldredge N. & Stanley S.M. (Eds.): Living Fossils, pp. 148-152, Springer Verlag.

Georgi T.A., Kimura S., Da Jin X., Chen Han L. (Eds.) et al. 1992: Papers presented at the International Symposium on sturgeons and paddlefishes, Chongqing – China. Southwest Agricultural University, Doane College.

Gerbil'skij N.L., 1950: Biologicheskie gruppy Kurinskogo osetra (*Acipenser güldenstädti persicus* Borodin) i osnovanija dlia ikh zavodskogo vosproizvodstva. In: Doklady Akademij Nauk SSSR, Vol. 71, No. 4, pp. 785-788.

Gershanovich A.D., Burtsev I.A. et al., 1993: Will sturgeons live in the XXIth century? For the Second International Symposium on Sturgeons, Moscow.

Gershanovich A.D., Smith T.I.J. (Eds.) et al., 1995: Proceedings, Second International Symposium on Sturgeons, 1993, Moscow-Kostroma-Moscow. VNIRO Publishing, Moscow.

Grande L., Bemis W.E., 1991: Osteology and phylogenetic relationships of fossil and Recent paddlefishes (*Polyodontidae*) with comments on the interrelationships of *Acipenseriformes*. Society of Vertebrate Paleontology, In: Memoir 1, Vol. 11.

Günther A., 1870: Catalogue of the Physostomi. British Museum, London, pp. 332-347.

Heckel J. und Kner R., 1858: Die Süßwasserfische der Österreichischen Monarchie mit Rücksicht auf die angrenzenden Länder. Verlag W. Engelmann, Leipzig, Seite 328-371.

Hochleithner M., 1993: Growth of various sturgeon species (*Acipenseridae*) under aquaculture conditions. In: Carrillo M., Dahle L., Morales J., Sorgeloos P., Svennevig N. and Wyban J.(Comp.): From Discovery to Commercialization (Abstracts, „World Aquaculture '93", Torremolinos). In: EAS special Publ. No. 19, p. 233.

Holcik J. (Ed.), et al., 1989: The Freshwater Fishes of Europe, General introduction to Fishes, *Acipenseriformes*. In: Volume 1, Part II, AULA – Verlag, Wiesbaden.

Huet M., et al., 1972: Textbook of fish culture. Fishing News Books, Farnham.

Kozlov V.I., 1993: Sturgeon Farming, VNIIR Moscow.

Magnin E., 1959: Repartition actuelle des Acipenserides. Rev. Trav. Inst. Pèches marit., 23 (3), pp. 277-285.

Magnin E., 1963: Recherches sur la systématique et la biologie des Acipenséridés: *Acipenser sturio* L., *Acipenser oxyrhynchus* Mitchill et *Acipenser fulvescens* Raf. Extrait des Ann. de la Station Centrale d'Hydrobiologie Applique 9.

McKechnie R.J., Fenner R.B., 1971: Food habits of White Sturgeon, *Acipenser transmontanus*. In: San Pablo and Suisun bays. Calif. Fish and Game 57 (3), pp 209-212.

Mil'shteyn V.V., 1969: 100th Anniversary of Sturgeon Farming. Problems of Ichthyology, American Fisheries Society, Volume 9, No. 2, pp. 271-273.

Mohr E., 1962: Ganoidei (Störe), Handbuch der Binnenfischerei Mitteleuropas, Band III B, Seite 234-261. Schweizerbart'sche Verlagsbuchhandlung, Stuttgart.

Monaco G., Buddington R.K. and Doroshov S.I., 1981: Growth of White Sturgeon (*Acipenser transmontanus*) under Hatchery conditions. World Mariculture Society, Vol.12, Nr.1, pp.113-121

Nikolski G.W., 1957: Spezielle Fischkunde, VEB Deutscher Verlag der Wissenschaften, Berlin.

Peters A. (Ed.), et al., 1990: Atlas.Akademische Verlagsanstalt, Vaduz.

Probst R.T., Cooper E.L., 1955: Age, growth and reproduction of the Lake Sturgeon (*Acipenser fulvescens*) in the lake Winnebago region, Wisconsin. In: Transactions of the American Fisheries Society, Volume 84, pp. 207-227.

Reichle G., 1991: Kommt Kaviar aus deutschen Landen? In: Fischer & Teichwirt, 42. Jahrgang, Heft 2, Seite 38-41.

Romer A.S. et al., 1966: Entwicklungsgeschichte der Tiere I. Editions Rencontre, Lausanne.

Rosenthal H., Geßner J., 1990: Status and prospects of sturgeon farming in Europe. In: Rosenthal H., Grimaldi E. (Eds.): Efficiency in Aquaculture Production. Proc. 5th Int. Conf. on Aquafarming „Acquacoltura '90" Verona – Italy, pp. 143-192.

Rossi R., Grandi G. et al., 1991: Osservazioni sulla biologia e la pesca dello storione cobice *Acipenser naccarii* Bonaparte nella parte terminale del fiume Po. Società Italiana Scienze Nat. Museo Civ. Storia Nat. Milano, Vol. 132, n. 10, pp. 121-142.

Roussow G., 1955: Les Esturgeons du fleuve Saint Laurent en comparaison avec les autres espèces d'Acipenséridés. Ministère de la chasse et des pecheries, Québec, Montreal.

Scott W.B., Crossman E., 1973: The Sturgeons and Paddlefishes – Order *Acipenseriformes (Chondrostei)*. In: Freshwater Fishes of Canada, Bull. p. 184, Fisheries Res. Board of Canada, Ottawa.

Steffens W., Meyer J., 1975: Störfang und Störzucht in der Sowjetunion. In: Zeitschrift für die Binnenfischerei der DDR, Band 22, Seite 208-214 und 228-238.

Struffenegger P., 1992: Sturgeon farming in California: A promising new industry. In: Aqua culture Europe, Vol. 17, pp. 6-9.

Wallus R., Yeager B.L., Simon T.P. et al., 1989: Reproductive biology and early live history of fishes in the Ohio river drainage. Volume 1, *Acipenseridae* through *Esocidae*. Tennessee Valley Authority.

Williot P., Rouault T., Brun R., Miossec G., Rooryck O., 1988: Grossissement intensif de l'esturgeon sibérien (*Acipenser baeri*) en bassin. Aquarevue 17, pp. 29-32 et 18, pp. 27-32.

Williot P. (Ed.) et al., 1991: *Acipenser*, Actes du premier colloque international sur l'esturgeon, CEMAGREF, Bordeaux.

GESELLSCHAFT ZUR RETTUNG DES STÖRS
(*Acipenser sturio*) e.V.

Im renommierten Senckenberginstitut in Frankfurt/Main wurde am 1.7.1994 die gemeinnützige „Gesellschaft zur Rettung des Störs e.V." gegründet, die im folgenden kurz vorgestellt wird:

Der Gemeine Stör (*Acipenser sturio*) ist die einzige in ganz Europa vorkommende Störart. Früher besiedelte er alle großen Flüsse Europas sowie die angrenzenden Küstengebiete. Durch Überfischung, Gewässerverbauung und Gewässerverschmutzung ist er heute nahezu ausgestorben, nur in der Gironde und im Rioni konnten sich noch kleine fortpflanzungsfähige Restpopulationen erhalten, die aber ebenfalls stark gefährdet sind. Der Gemeine Stör (*Acipenser sturio*) wird als aussterbende Art international in der New Yorker Artenschutzkonvention (IUCN) und im Washingtoner Artenschutzabkommen (CITES) sowie in der Prioritätenliste Artenschutz der EG geführt.

Zweck der von der Gesellschaft zur Rettung des Störs geplanten Arbeiten ist, einen Beitrag zur Erhaltung des von der Natur in Millionen von Jahren in unwiederholbarer Weise geschaffenen Artenreichtums zu leisten. Dieser ist ein Ausdruck für die Qualität und Lebensfähigkeit unserer Umwelt. Aussterbende oder ausgestorbene Arten sind ein deutliches Zeichen der Verschlechterung unserer Lebensbedingungen und sollten als ernste Warnung verstanden werden. Der Stör repräsentiert diesen Verlust in besonderer Art und Weise – nicht nur, weil es sich bei ihm um den größten heimischen Süßwasserfisch handelt, sondern vor allem, weil keine andere Fischart die Region ihrer Verbreitung so nachhaltig beeinflußte. Die seit Jahrhunderten betriebene Störfischerei prägte das Leben der Bevölkerung in den betreffenden Gebieten in typischer Weise. Noch heute, fast 100 Jahre nach dem Erliegen der kommerziellen Störfischerei, finden sich in vielen Lebensbereichen, Hinweise auf diese Bedeutung. Viele der daraus entstandenen Geschichten sind noch immer fester Bestandteil der regionalen Kultur.

Der seit Jahrzehnten vorsichgehende, kaum beachtete katastrophale Untergang des heimischen Störs fordert gerade jetzt intensive Bemühungen zur Erhaltung der Art. Wesentliche Voraussetzung für die Erhaltung und Wiedereinbürgerung des Störs wird sein, die wenigen noch freilebenden Exemplare zu fangen und sie unter künstlichen Bedingungen zu vermehren.

Ziel der Gesellschaft ist, mit Hilfe aller zur Verfügung stehenden Mitteln einen Laichtierbestand aufzubauen, der Ausgangspunkt für eine sich selbst regenerierende Störpopulation sein soll. Anschließend wird der Versuch eines kontrollierten Freiwasserbesatzes in ausgesuchten Gewässern geplant. Von besonderer Wichtigkeit ist dabei, den Stören nicht nur Lebensraum zu bieten, sondern vor allem langfristig dafür zu sorgen, daß die Grundlagen für eine natürliche Vermehrung geschaffen werden. Unter Berücksichtigung einer sehr begrenzten Verfügbarkeit von Elterntieren und der Notwendigkeit, diese verantwortungsbewußt und effektiv zu nutzen, ist die geplante Wiedereinbürgerung eine Aufgabe, die nur im Rahmen einer partnerschaftlichen Zusammenarbeit aller involvierten Länder realisiert werden kann.

Rückgang der Störfänge

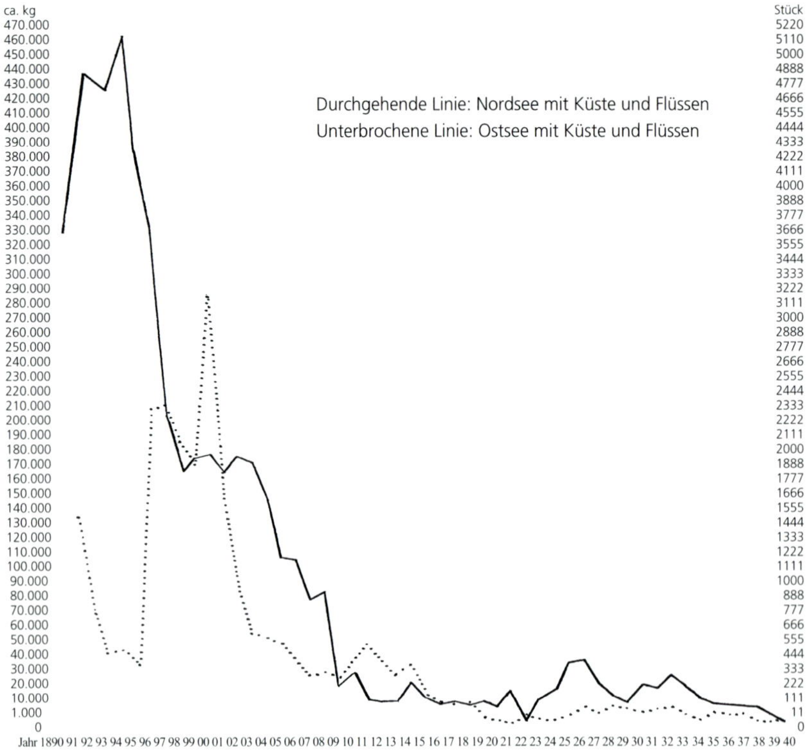

Modifiziert nach: Debus L., 1995. In: Gershanovich, Smith et al.

Die Gesellschaft repräsentiert einen internationalen Zusammenschluß interessierter Gruppen aus Wissenschaft, Wirtschaft und Verwaltung. Deren Aufgabe ist die Zusammenführung aller nationalen Aktivitäten zu einem internationalen Programm. Die notwendige Forschungsförderung wird durch ein unabhängiges Gremium koordiniert, beantragt und kompetenten Institutionen zur Verfügung gestellt. Durch diesen Zusammenschluß ergeben sich erhebliche Synergieeffekte, die sich positiv auf die Effizienz und die Kostenstruktur auswirken.
Ein erster Projektentwurf zum Schutz der Störe sieht die Teilung in drei Phasen vor, die wie folgt geplant sind:

Phase I: Projektvorbereitung

- Information an Verbände, wissenschaftliche Einrichtungen und Kontaktaufnahme zu ausländischen Institutionen, die an dieser Problematik arbeiten
- Zusammenarbeit mit Behörden, Universitäten, Instituten und Fischereiverbänden
- Zusammenfassung der bisherigen Erfahrungen bei der Vermehrung und Akklimatisierung von Stören
- Ausschreibung von Lebendfangprämien für den Gemeinen Stör
- Beschaffung von Eiern, Jungfischen oder geschlechtsreifen Tieren aus ganz Europa

Phase II: Laichfischvermehrung

- Versuchsfischerei in ausgewählten Flußmündungen und Küstengebieten
- Untersuchung und Optimierung der Vermehrungs-, Aufzucht- und Haltungsbedingungen
- Aufbau eines Laichfischbestandes und Organisation eines kontinuierlichen Besatznachschubes
- Erstellung einer Feasibility-Studie, um die Eignung verschiedener Gewässer für die Wiederansiedlung feststellen zu können
- Auswahl geeigneter Gewässersysteme auf Grundlage von ökologischen Untersuchungen
- Versuchsweiser Besatz zur Verifizierung der Erkenntnisse

Phase III: Freiwasserbesatz

- Vermehrung und Aufzucht von Besatzmaterial im Rahmen von kontinuierlichen, langfristigen, bestandsstützenden Maßnahmen über mindestens 2 Generationen

- Ausarbeitung einer Richtlinie für Berufsfischer und Sportangler für den Umgang mit Stören in natürlichen Gewässern
- Schaffung von Laichplätzen und Aufstiegshilfen
- Besatz- und Markierungsaktionen und laufende Untersuchungen über das Wanderverhalten sowie Bestandsmonitoring

Da der Stör unter natürlichen Bedingungen sehr lange bis zum Erreichen der Geschlechtsreife benötigt, kann das angestrebte Ziel nur durch langfristige Planung und Kontinuität erreicht werden. Zur Sicherung von Arbeiten wie Beschaffung von Elterntieren, Produktion von Satzfischen sowie für Forschungsarbeiten im Grundlagenbereich und Monitoringprogramme und für PR-Maßnahmen sind Geldmittel aus der Industrie in Form von „social sponsoring" besonders willkommen.
Weltweit kommen 24 Störarten vor, keine Art ist aber so sehr vom Aussterben bedroht wie der heimische Stör. In den vergangenen Jahren wurden vermehrt fremde Störe gefangen, die offensichtlich von Teichwirten, Aquarianern oder Anglern in freie Gewässer gesetzt wurden. Diese Fische waren hier niemals heimisch, sie stellen eine Bedrohung für eventuell noch vorkommende Restbestände des heimischen Störs dar, da sie als direkte Konkurrenten auftreten können. Ein Besatz mit nicht heimischen Stören ist keinesfalls eine Artenschutzmaßnahme.
Das Argument einiger Personen, daß bei dem derzeitigen Stand der Gewässerstrukturen und der Fischereiintensität eine Fischart wie der Stör keine Chance für die Rückkehr in sein traditionelles Verbreitunsgebiet hat, wiegt schwer.
Nur wenn wir die wenige noch verbleibende Zeit bis zum Verschwinden der letzten Störe nutzen, gibt es eine Chance für diesen wunderbaren Fisch. Wir sind unseren Nachkommen schuldig, alles zu unternehmen, um zu verhindern, daß eine weitere Art durch menschliches Verschulden aus der Welt verschwindet. Wir sind uns bewußt, daß sich die Gesellschaft das Ziel sehr hoch gesteckt hat. Wenn Sie sich für die Mitgliedschaft interessieren oder uns steuerbegünstigte Spenden zukommen lassen möchten, wenden Sie sich bitte an:

Gesellschaft zur Rettung des Störs e.V.
An der Jägerbäk 2, D-18069 Rostock
Tel: 0381/83968 Fax: 0381/810212
Spendenkonto Nr.: 1333335 Kommerzbank Warnemünde BLZ: 13040000

AV RATGEBER
AV RATGEBER
AV RATGEBER
AV RATGEBER